Hochgebete
Texte zum Teilen von Brot und Wein

HOCHGEBETE

TEXTE ZUM TEILEN VON BROT UND WEIN

HERAUSGEGEBEN VON URS EIGENMANN

LUZERN 1998

EDITION EXODUS

3. Auflage Luzern 1998

Redaktion: Urs Eigenmann
Umschlag: Bernard Schlup (Gestaltung) / Ateliers Jaune Kurt Bläuer (Satz und Lithos)
Satz: atelier hupa, CH-4312 Magden
Druck: Clausen & Bosse, Leck
ISBN: 3-905577-03-8

Inhalt

Die Feier der Eucharistie als subversive Symbolhandlung

In der Eucharistie wird das Gedächtnis von Leben, Tod und Auferstehung Jesu Christi gefeiert. Jesu zentrales Anliegen, für das er gelebt hat und gekreuzigt worden ist, war das Reich Gottes und dessen Gerechtigkeit. Im Namen Gottes hat er es in seiner heilend-befreienden Praxis und Verkündigung als Vision eines Lebens in Fülle für alle Menschen bezeugt. Die Eucharistiefeier ist als Gedächtnis von Leben, Tod und Auferstehung Jesu die symbolische Vergegenwärtigung zentraler Aspekte des von ihm gelebten und verkündeten Reiches Gottes. Die Feier der Eucharistie soll ermutigend-klärend dazu einladen, in der Nachfolge Jesu zuerst das Reich Gottes und seine Gerechtigkeit zu suchen. Die vorliegenden Hochgebete wollen einem solchen Eucharistieverständnis dienen.

Wurzeln in Praxis und Botschaft Jesu

«Und alle aßen und wurden satt»

Kaum eine Handlung Jesu wird im Zweiten Testament so oft überliefert, wie seine Einladung zum Teilen (vgl. Mt 14,13–21; 15,32–39; Mk 6,31–44; 8,1–10; Lk 9,10–17; Joh 6,1–13). Die Szenen gleichen sich: Angesichts der vielen Leute, die ihm gefolgt sind und Hunger haben, fordert Jesus seine Jünger auf, diesen zu Essen zu geben. Entgegen ihrer Absicht sollen die Jünger aber weder selbst Brote einkaufen gehen noch die Leute zum Einkaufen in die Dörfer schicken. Jesus trägt ihnen vielmehr auf, nachzusehen, wieviel zum Essen da ist. Darauf lädt er nach einem Segensgebet ein, die Brote und Fische zu teilen. Und das Wunder geschieht. Es werden nicht nur alle satt, sondern es bleiben noch Brote und Fische übrig. Dabei wird nirgendwo gesagt, Jesus habe die vorhandenen Nahrungsmittel unter Umgehung der Naturgesetze materiell vervielfältigt. Jesu Segens- oder Dankgebet vor dem Austeilen ist kein Zauberspruch. «Nicht die Menge des Brotes wurde durch den Segen vergrößert, sondern die Bereitschaft zu teilen. Wer teilt, was er hat, statt ängstlich zu bewahren, erfährt, daß nicht Mangel entsteht, sondern Überfluß.»[1] Im Sinne der messianischen Reich-Gottes-Praxis und -Vision Jesu soll das zum Leben Notwendige geteilt und nicht mit Hilfe von Geld käuflich erworben werden. Das Teilen war für Jesus so charakteristisch, daß im Lukasevangelium für die Emmausjünger daraus das Erkennungszeichen Jesu wurde: «Und als er mit ihnen bei Tisch war, nahm er das Brot, sprach den Lobpreis, brach das Brot und gab es ihnen. Da gingen ihnen die Augen auf, und sie erkannten ihn» (Lk 24,30f.).

«Und viele Zöllner und Sünder saßen mit Jesus und seinen Jüngern zu Tische»

Die Tischgemeinschaft Jesu mit geächteten Zöllnern und ausgestoßenen Sündern war ein charakteristischer Grundzug seiner Reich-Gottes-Praxis. Auf die Frage der Pharisäer und Schriftgelehrten, weshalb er mit gesellschaftlich und religiös diffamierten Leuten esse, antwortete Jesus, nicht die Starken bedürften des Arztes, sondern die Kranken, und er sei nicht gekommen, die Gerechten zu berufen, sondern die Sünder (vgl. Mt 9,9–13; Mk 2,13–17; Lk 5,27–32; 15,1f.). Die Tischgemeinschaft mit Zöllnern und Sündern und die im Unterschied zu Johannes dem Täufer wenig asketische Lebensweise trugen Jesus den Vorwurf ein, er sei ein Fresser und Säufer, ein Freund der Zöllner und Sünder (vgl. Lk 7,33f.; Mt 11,18f.). Gegen den Vorwurf der empörten Pharisäer und Schriftgelehrten, er nehme sich der Sünder an und esse mit ihnen (vgl. Lk 15,1f.) verteidigte sich Jesus und rechtfertigte seine Praxis mit den Gleichnissen vom verlorenen Schaf, von der verlorenen Drachme und dem verlorenen Sohn (vgl. Lk 15,3–32).

«Mit dem Himmelreich ist es wie mit einem König, der die Hochzeit seines Sohnes vorbereitet»
In dem wohl dichtesten Bild in den Gleichnissen Jesu für das Reich Gottes bzw. das Himmelreich verglich er dieses mit einem großen Festmahl (vgl. Lk 14,15–24) oder mit einem Hochzeitsmahl, das ein König für seinen Sohn vorbereitete (vgl. Mt 22,1–10) und zu dem die Bösen und die Guten (in dieser Reihenfolge!) geladen werden, nachdem die ursprünglich Geladenen nicht erschienen waren. Das Fest, auf dem es für alle genug zu essen und zu trinken gibt, auf dem alle erwünscht sind und Platz haben, und auf dem miteinander die Hoffnung auf ein gutes Leben in Fülle (vgl. Joh 10,10) für alle Menschen feiernd ausgedrückt wird, war in der Verkündigung Jesu ein wichtiges Bild für das Reich Gottes.[2]

«Dann brach er das Brot, reichte es ihnen und sagte: Nehmt, das ist mein Leib»
Im Angesichte des Todes kam Jesus mit seinen Jüngerinnen und Jüngern zusammen, um von ihnen Abschied zu nehmen (vgl. Mt 26,20–29; Mk 14,17–25; Lk 22,14–23; Joh 13,2.21–30; 1 Kor 11,23–26). Im Brechen des Brotes und im Austeilen des Weines faßte er sein Leben zusammen. Das Abschiedsmahl Jesu stand am Ende seiner Praxis, zum Teilen anzustiften, sich mit Zöllnern und Sündern einzulassen und mit ihnen zu Tisch zu sitzen. Es war nicht irgendeine Zusammenkunft, sondern ein Mahl, mit dem Jesus von den Seinen Abschied nahm. Dieses Abschiedsmahl war so etwas wie eine zeichenhafte Verdichtung jener zentralen Anliegen Jesu des Teilens, damit alle satt werden, und der Solidarität mit Geächteten, damit niemand ausgegrenzt wird, die er mit dem Reich Gottes und seiner Gerechtigkeit verbunden hatte. Im Brechen des Brotes und im Austeilen des Weines gab er seinen Jüngerinnen und Jüngern Anteil an seinem Leben über den Tod hinaus und trug ihnen zudem auf, dies später zu seinem Gedächtnis zu tun (vgl. Lk 22,19; 1 Kor 11,25).

«Was ihr bei euren Zusammenkünften tut, ist keine Feier des Herrenmahles mehr»
Paulus bindet in seinem Brief an die Gemeinde von Korinth die würdige Feier des Herrenmahles an eine gemeindlich-solidarische Praxis des Teilens, wenn er schreibt: «Was ihr bei euren Zusammenkünften tut, ist keine Feier des Herrenmahles mehr; denn jeder verzehrt sogleich seine eigenen Speisen, und dann hungert der eine, während der andere schon betrunken ist ... Wenn ihr also zum Mahl zusammenkommt, meine Brüder, wartet aufeinander! Wer Hunger hat, soll zu Hause essen; sonst wird euch die Zusammen-

kunft zum Gericht» (1 Kor 11,20f.33f.). «Für Paulus ist das Kriterium dafür, ob die Zusammenkünfte der ChristInnen in Korinth überhaupt als Herrenmahl bezeichnet werden dürfen, ein praktisches. Entscheidend für das würdige Feiern des Herrenmahles ist nicht ein bestimmtes theologisches Verständnis dieser Feier, sondern die Tatsache, daß wenigstens im Gottesdienst deutlich wird, daß es im Glauben an Jesus Christus vor Gott letztlich keine Unterschiede zwischen ... den begüterten und den armen Gliedern der Gemeinde (geben darf).»[3]

Dogmatische Entwicklung und Engführung

Die von Jesus mit dem Ruf in die Nachfolge verbundene Einladung, seine heilend-befreiende Rede und Praxis weiterzuführen, wurde im Laufe der Jahrhunderte in die dogmatisch-liturgische Verwaltung seiner Reich-Gottes-Praxis und -Botschaft übergeführt. Ein Moment dieser Entwicklung stellte die Ausbildung einer dogmatischen Lehre über die Eucharistie dar.[4] Im Blick auf die Wende vom Neuen Testament zur Anwendung der platonischen Bildtheologie auf die Eucharistie urteilt Alexander Gerken zusammenfassend: «Die Eucharistielehre der griechischen Väter baut sich mit Hilfe des platonischen Bilddenkens [mit seiner Urbild-Abbild-Relation, U.E.] so auf, daß wir einmal von einer Präsenz Christi, des erhöhten Herrn, in der Feier seiner Gemeinde sprechen müssen, insofern er der Mahlherr dieser Feier ist und sich in ihr als Gesamtvorgang ‹ausdrückt›, sein ‹Bild› schafft. Von daher wird es ermöglicht, daß – immer im Sinne des Realismus – die Feier auch die vergangene Heilstat, ja die Inkarnation als ganze ‹abbildet› und sogar die künftige Vollendung als Realverheißung schon verborgene Gegenwart werden läßt. Schließlich ergibt sich daraus, daß auch die eucharistische Speise bei diesem Mahl die volle Heilsgabe, also Christus selbst, im ‹Bild› darbietet.»[5]

In der weiteren Entwicklung der dogmatischen Lehre über die Eucharistie kommt es durch den Zerfall der antiken Bildtheologie mit ihrem symbolischen Realismus und dem Aufkommen des germanischen Denkens mit seinem dinglichen Realismus[6] zu einem eigentlichen Wendepunkt im Übergang von der christlichen Antike zur Karolingerzeit und zum Frühmittelalter. «Bei dieser Wende ging das sakramentale Denken in seiner Weite ... verloren. Durch die Konzentration auf die somatische Realpräsenz wurde das Bewußtsein des Mittelalters auf diese fixiert.»[7] Die somatische Realpräsenz wurde aus ihrer Einbettung in den Anamnese-Gedanken herausgelöst und isoliert in den Mittelpunkt der Betrachtung gerückt.[8] Mit der mehr oder weniger konsequenten Reduktion auf die statisch-naturphilosophische Frage, was, wodurch und wann in der Eucharistie mit den Gaben von Brot und Wein geschieht, wurden folgende Dimensionen der Eucharistiefeier an den Rand gedrängt bzw. gerieten mehr oder weniger aus dem Blickfeld:

- die heilsgeschichtliche, d.h. die Eucharistie als vergegenwärtigende Erinnerung von Leben, Tod und Auferstehung Jesu,
- die ekklesiologische, d.h. die Eucharistie als Feier der im Glauben an Jesus Christus versammelten und zu seiner Nachfolge bereiten Gemeinde sowie
- die eschatologische, d.h. die Eucharistie als zeichenhaft-antizipierende Vorwegnahme der als Tat Gottes verheißenen Vollendung des Reiches Gottes.

Die mittelalterlichen Eucharistietheologien bis hin zur Transsubstantiationslehre des Vierten Laterankonzils von 1215 bewegten sich im großen und ganzen innerhalb der aufgrund des weitgehenden Verlusts der heilsgeschichtlichen, ekklesiologischen und eschatologischen Dimensionen erfolgten Engführung.

Das Brot der Feier ist das Brot des Lebens – der Perspektivenwechsel des Bartolomé de Las Casas

Zu der Zeit, als im Zuge der dogmatischen Engführung des Eucharistieverständnisses im spätmittelalterlichen Europa verschiedene Meßopfertheorien diskutiert wurden und sich die katholische Kirche, Luther und Zwingli aufgrund ihrer unterschiedlichen bzw. gegensätzlichen theologischen Auffassungen über die Eucharistie oder das Abendmahl miteinander stritten, fand der spanische Theologe, spätere Dominikaner und Bischof von Chiapas, Bartolomé de Las Casas (1484–1566), im Zusammenhang mit seiner Berufung zum Verteidiger der Indios in den neuen Ländern Amerikas zu einem am biblischen Denken orientierten Verständnis der Eucharistie zurück. Enrique Dussel bezeichnet den «Augenblick der Bekehrung, als ein Denker zum Propheten berufen wurde ..., als Geburtsstunde der lateinamerikanischen Theologie der Befreiung.»[9]

Der aus Sevilla stammende Bartolomé de Las Casas kam 1502 zum ersten und nach seiner Priesterweihe in Rom im Jahre 1507 ein zweites Mal nach Española. Dort machte er mit seinen Landsleuten bei der Ausbeutung der Indios zunächst gemeinsame Sache. Beeinflußt durch den Dominikaner Pedro de Córdoba, beeindruckt durch die «welthistorische Predigt gegen die Unterdrükkung der Indios»[10] des Dominikaners Antonio Montesino am vierten Adventssonntag 1511, verunsichert, weil ihm ein Dominikaner die Absolution verweigerte, da er seine Indios noch nicht freigelassen hatte, und aufgerüttelt durch das von ihm miterlebte Massaker von Caonao an mehreren Tausend Indios wurde Bartolomé de Las Casas auf seine Berufung oder Bekehrung vorbereitet. Diese begann, als er zu Pfingsten 1514 anläßlich einer Dorfgründung in der Provinz Santo Espíritu auf Bitte von Diego Velázquez eine Messe feiern und predigen sollte. Bei der Vorbereitung auf diese Predigt stieß er auf eine Stelle im Buch Jesus Sirach, die seinem Leben eine entscheidende Wende geben sollte. Er las: «Ein Brandopfer von ungerechtem Gut ist eine befleckte Gabe, Opfer der Bösen gefallen Gott nicht. Kein Gefallen hat der Höchste an den Gaben der Sünder, auch für eine Menge Brandopfer vergibt er die Sünden nicht. Man schlachtet den Sohn vor den Augen des Vaters, wenn man ein Opfer darbringt vom Gut der Armen. Kärgliches Brot ist der Lebensunterhalt der Armen, wer es ihnen vorenthält, ist ein Blutsauger. Den Nächsten mordet, wer ihm den Unterhalt nimmt, Blut vergießt, wer dem Arbeiter den Lohn vorenthält» (Sir 34,21–27).

Aufgrund der Lektüre dieses Textes «begann er» – Bartolomé de Las Casas schrieb über sich selbst jeweils in der dritten Person –, «über das Elend und die Sklaverei, welche jene Völker erlitten, nachzudenken ... Nach einigen Tagen, die er in diesem Nachdenken verbrachte und sich Tag für Tag mehr und mehr durch das bestätigt sah, was er bezüglich des Rechtes las und hinsichtlich der Praxis beobachtete, indem er das eine [den Bibeltext, U.E.] mit dem anderen [die ökonomisch-politisch-kulturelle Wirklichkeit in der Karibik, U.E.] verband, kam er zu der Auffassung ..., daß all das, was man in diesem Westindien an den Indios verbrach, unrecht und tyrannisch sei ... Schließlich entschloß er sich dazu, dies auch zu predigen. Da er nun selbst Indios hatte, lag die Widerlegung seiner Predigten auf der Hand, und so entschied er, um tatsächlich frei die repartimientos oder encomiendas als ungerecht und tyrannisch verdammen zu können, auf die Indios zu verzichten.»[11] Las Casas verzichtete auf seine Indios am 15. August 1514, dem Fest Maria Aufnahme in den Himmel, als er seinen Landsleuten in der Predigt «ihre Blindheit, ihre Ungerechtigkeiten, Tyranneien und Grausamkeiten [aufdeckte], die sie gegen jene unschuldigen und sanften Völker begingen ... Alle waren erstaunt und erschrocken über das, was er sagte, einige zerknirscht, andere glaubten, sie träumten, als sie solche Neuigkeiten hörten, daß sie nämlich nicht ohne Sünde die Indios in ihren Diensten halten könnten; sie glaubten dies ebensowenig, wie wenn man ihnen gesagt hätte, sie dürften sich der Arbeitstiere nicht bedienen.»[12]

Im weisheitlichen Sirachtext aus der Mitte des 2. Jh. v. Chr.[13] wird dreierlei gesagt: Brot ist Leben, Brot ist das Leben der Armen, und das Brot der Feier ist wirkliches Brot.

Zum einen: Brot ist Leben. Der Mensch stellt es her, damit er den Hunger stillen und so überleben kann. Brot ist das wichtigste Produkt der Arbeit als Beziehung zwischen Mensch und Natur. Im Begleitgebet der Messe zur Gabenbereitung heißt es deshalb: «Gepriesen bist du, Herr unser Gott, Schöpfer der Welt. Du schenkst uns das Brot, Frucht der Erde und der menschlichen Arbeit.»

Zum andern: Brot ist das Leben der Armen. Es ist nicht allgemein von «Menschen», sondern von «Armen» im Unterschied zu «Reichen» die Rede. Damit ist die Beziehung der Menschen untereinander, genauer die Beziehung von Armen und Reichen, angesprochen. Las Casas las bei Jesus Sirach: «Kärgliches Brot ist der Lebensunterhalt der Armen, wer es ihnen vorenthält, ist ein Blutsauger» (Sir 34,25). Angesichts der Tatsache, daß den Indios das zum Leben notwendige Brot mangelte, mußte er sich selbst als Blutsauger vorkommen.

Zum dritten: Das Brot der Feier ist wirkliches Brot. Über dieses Brot wird in der Messe bei der Gabenbereitung gesagt: «Wir bringen dieses Brot vor dein Angesicht, damit es uns das Brot des Lebens werde.» Las Casas ging auf, daß das Brot, das er als Priester in der Eucharistie im Namen und Auftrag Jesu teilen und Gott darbringen wollte, den Indios vorenthalten wurde. Bei Jesus Sirach aber las er: «Man schlachtet den Sohn vor den Augen des Vaters, wenn man ein Opfer darbringt vom Gut des Armen» (Sir 34,24). Bartolomé de Las Casas erkannte, daß in ungerechten Verhältnissen, in denen Menschen hungern und Brot physisches Leben nicht nährt, Brot nicht zum Brot ewigen Lebens werden kann. Unter solchen Umständen kann das Urteil von Jesus Sirach sinngemäß auf die Feier der Eucharistie angewandt werden: «Ein Brandopfer von unrechtem Gut ist eine befleckte Gabe» (Sir 34,21).

Für Bartolomé de Las Casas war das Kriterium für die würdige Feier der Eucharistie nicht die rechtmäßige dogmatische Lehre über sie. Ihm ging es vielmehr um die Frage, ob das Teilen des Brotes in der Eucharistie die Augen öffnet für den realen physischen Hunger nach Brot oder ob die Feier der Eucharistie so spiritualisiert verstanden wird, daß zwischen ihr und der konkreten wirtschaftlichen und politischen Wirklichkeit kein Zusammenhang gesehen wird.[14]

Elementares Verständnis der Eucharistie als subversive Symbolhandlung

Inspiriert von Bartolomé de Las Casas soll im Folgenden im Rückgriff auf die messianische Praxis Jesu ein elementares Verständnis der Eucharistie aufgezeigt werden. Dieses geht davon aus, was in der Eucharistie, getan, bekannt und gefeiert wird.

In der Eucharistie wird Brot gebrochen, ausgeteilt und gegessen. Dies geschieht im Namen und Auftrag Jesu und erinnert an seine Praxis, zum Teilen anzustiften, damit alle satt werden. Das Teilen des Brotes in der Liturgie geschieht in einer Gesellschaft und Welt, in der aufgrund ökonomischer Mechanismen und politischer Machtverhältnisse so geteilt wird, daß immer mehr Menschen über immer weniger und immer weniger Menschen über immer mehr verfügen. Weltweit sind zwei Drittel und in unseren Verhältnissen gegen ein Drittel mehr oder weniger ökonomisch abgekoppelt. Während immer weniger Menschen in luxuriösem Überfluß zu ersticken drohen, steht immer mehr Menschen nicht einmal das zum Überleben Notwendige zur Verfügung.

Das Teilen des Brotes in der Eucharistie sollte als verpflichtende Einladung und einladende Verpflichtung der Feiernden verstanden werden, in Gesellschaft und Welt so zu teilen und sich für Strukturen einzusetzen, damit alle Menschen ihre Grundbedürfnisse befriedigen können entsprechend dem universalen und absoluten Kriterium christlicher Praxis, wie es in der Gerichtsrede des Matthäusevangeliums formuliert ist: «Ich war hungrig, und ihr habt mir zu essen gegeben» (Mt 25,35).

In der Eucharistie wird im Hochgebet und im Unser-Vater-Unser die gleiche Würde aller Menschen vor Gott bekannt, wenn dieser als wie ein Vater oder als wie eine Mutter angesprochen wird. Diese religiöse Rede ist nur dann nicht leer, wenn als deren Kehrseite ernst damit gemacht wird, daß jene, die gemeinsam Gott als wie einen Vater oder als wie eine Mutter anreden, untereinander wie gleichberechtigte Schwestern und Brüder sind. Dieses Bekenntnis erinnert an die solidarisch-befreiende Tischgemeinschaft Jesu mit Zöllnern und Sündern und an seine übrigen Grenzüberschreitungen hin zu den Armen und Kranken, Frauen und Kindern, Besessenen und Heiden als Zeichen des angebrochenen Reiches Gottes, in dem niemand mehr minder geachtet und ausgegrenzt wird.

Daran wird in der Eucharistie in einer Gesellschaft und Welt erinnert, in der die Ungleichheiten aufgrund ethnischer, sozialer, kultureller, religiöser oder anderer Kriterien eher größer als geringer werden.

Das Bekenntnis der gleichen Würde aller Menschen vor Gott sollte als verpflichtende Einladung und einladende Verpflichtung der Feiernden verstanden werden, eine geschwisterliche Gesellschaft und Welt aufbauen zu helfen.

In der Eucharistie wird das Gedächtnis des gekreuzigten und auferstanden Jesus Christus gefeiert. Dies ist Ausdruck des Osterglaubens, der sich trotz des Scheiterns Jesu am Kreuz auf dessen Nachfolge einläßt und davon ausgeht, daß all das, was er heilend und befreiend im Sinne des Reiches Gottes und seiner Gerechtigkeit getan und gesagt hat, sinnvoll ist, obwohl es Fragment geblieben ist. Es ist dies der Glaube, daß Gott auf der Seite Jesu steht, ihn gerechtfertigt und zum Leben auferweckt hat.

Das Bekenntnis zu dem am Kreuz hingerichteten und also in den Augen der Welt gescheiterten Messias Jesus geschieht in einer Welt, die sich am Recht des Stärkeren orientiert, und in der

der Erfolg als Kriterium dafür angesehen wird, wofür es lohnt, sich einzusetzen. Dies nach dem Motto: Wer Erfolg hat, hat recht.

Das Bekenntnis zum gekreuzigten und auferstandenen Jesus Christus müßte als verpflichtende Einladung und einladende Verpflichtung der Feiernden verstanden werden, sich in der Nachfolge Jesu in seinem Geist einzusetzen. Es müßte den Feiernden um jene Selbstlosigkeit Jesu gehen, die für den Einsatz nicht den Erfolg zum Kriterium erhebt, sondern die im Glauben an Gott auf die Sinnhaftigkeit der Solidarität mit Schwachen und des Einsatzes für eine ganzheitliche Befreiung aller Menschen hin auf ein Leben in Fülle aller vertraut, auch wenn diese Bemühungen fragmentarisch bleiben.

«Wenn liturgisches Feiern des Glaubens und religiöse Rede so in Zusammenhang mit den gesellschaftlichen Verhältnissen und den damit verbundenen Praktiken gesetzt werden, geschieht ein Doppeltes. Einerseits fällt Licht bzw. Schatten auf die Verhältnisse und Praktiken in der Welt und wird so offenbar, daß diese hinter dem zurückbleiben, was in der Liturgie an erfülltem Leben für alle Menschen symbolisch gefeiert und in der Verkündigung zur Sprache gebracht wird. Anderseits sind das liturgische Feiern und das religiöse Reden nicht mehr folgenlos von der Welt isoliert, sondern stehen dieser in der Weise als kritische Instanz gegenüber, daß jene, die die Liturgie feiern und sich der religiösen Rede bedienen, in Pflicht genommen werden, die Welt auf das hin zu verändern, was an erfülltem Leben für alle Menschen in der Liturgie gefeiert und in der Verkündigung angesagt wird.»[15]

Dieses elementare, auf die jedesmaligen wirklichen Lebensverhältnisse bezogene Verständnis der Eucharistie liegt auf der Linie dessen, was Franz Schupp formuliert hat: «Die zentralen christlichen Symbole und Symbolhandlungen sind antizipierend vermittelnde Zeichen ‹wahren›, ‹heilen› Lebens, die so zugleich die kritische Funktion haben, das Unwahre und Nicht-Heile am konkreten geschichtlichen Leben aufzuzeigen ... Am christlichen Symbolhandeln kann und soll abgelesen werden, daß der Mut zum fragmentarischen Leben dort sinnvoll ist, wo dieses Fragment-Sein in den Dienst der Aufhebung von Leiden der andern gestellt ist.»[16] In diesem Sinne ist die Feier der Eucharistie unter zwei Bedingungen eine subversive Symbolhandlung.

Zum einen ist sie es solange, wie die in ihr erinnernd vergegenwärtigte subversive Praxis Jesu des Teilens, seine parteiische Solidarität und seine selbstlose Lebenshingabe noch in Differenz zu dem steht, was heute ökonomisch, politisch und kulturell bei uns und weltweit gilt. Zum andern ist sie es, wenn die Feier der Eucharistie nicht als ein die einzelnen beruhigendes und die Verhältnisse stabilisierendes religiöses Ritual mißverstanden, sondern aufgrund des selbstverpflichtenden (auto-obligativen) Charakters[17] religiöser Rede und liturgischer Feier als Verpflichtung begriffen wird, die Differenz zwischen den jedesmaligen wirklichen Lebensverhältnissen und der Vision eines Lebens in Fülle für alle Menschen (vgl. Joh 10,10) durch eine messianische Nachfolgepraxis hin auf die als Geschenk Gottes verheißene Vollendung des Reiches Gottes überwinden zu helfen.

Zu diesen Hochgebeten

Die vorliegenden Hochgebete dokumentieren eine pastoral-liturgische Praxis in nicht wenigen Gemeinden. Sie wurden verfaßt von Gabriele Zimmermann-Unkelbach, Regula Strobel, Justin Rechsteiner, Ivo Meyer, Hanspeter Ernst und Urs

Eigenmann. Sie stellen den Versuch dar, den Glauben an Jesus Christus im Hochgebet als Mitte der eucharistischen Feier in einer lebendigen, heute verständlichen Sprache so auszudrükken, daß die Eucharistie Feiernden für ihre Nachfolgepraxis Ermutigung erfahren und Orientierung erhalten. Diese Texte können vielleicht auch dazu beitragen, eine «zeitgenössische Hochgebets-Sprache [zu] entwickeln, mit einem Wortschatz, der nicht mehr nur aus dem peniblen Studium von Manuskripten, Editionen und liturgischen Büchern rekrutiert ist, sondern (auch) die lebendige Sprache der heute lebenden Christus-Gläubigen spiegelt»[18].

Urs Eigenmann

Anmerkungen

1 K. Füssel, Ökonomie, Gebet und Erkenntnis der Wahrheit. Ein materialistischer Zugang zur Bibel, in: U. Lutz (Hg.), Zankapfel Bibel. Eine Bibel – viele Zugänge, Zürich 1992, 90–104, hier: 103.

2 Anhand der zentralen Kategorie des Festes hat Francisco Taborda seine Sakramentenlehre entfaltet: F. Taborda, Sakramente: Praxis und Fest, Düsseldorf 1988. «Wir möchten sie [die Sakramente, U.E.] auf der Grundlage der folgenden Prämisse durchdenken: Christsein heißt in der Nachfolge Jesu sich auf ein Lebensmodell einlassen, welches das Engagement zur Veränderung einer ungerechten Gesellschaft einschließt. Von dort aus möchten wir anhand der Kategorie ‹Fest› eine Vermittlung zwischen Christentum als engagierter Lebensgestaltung und den Sakramenten versuchen. Sodann bedarf es einer anthropologischen Erarbeitung dieser Kategorie, damit eine Brücke entstehen kann zwischen Christentum als Engagement und Christentum als Sakramentenvollzug» (ebd. 15). Ein wirkliches Fest, auf dem es um den Sinn des Lebens und um die Spiritualität der historischen Praxis geht (vgl. ebd. 53), ist für Taborda insofern subversiv, als es das letzte Ziel des Menschen, das durch Arbeit und Praxis nicht realisiert werden kann, vorwegnimmt und ansagt (vgl. ebd. 58). «Ein wirkliches Fest ist subversiv. Es erwächst aus der Praxis, verweist auf die Praxis und kehrt zur Praxis zurück» (ebd. 58).

3 U. Eigenmann, Am Rand die Mitte suchen. Unterwegs zu einer diakonischen Gemeindekirche der Basis, Fribourg/Brig 1990, 87.

4 Vgl. A. Gerken, Theologie der Eucharistie, München 1972.

5 Ebd. 74.

6 Vgl. ebd. 98 und 125. Der erste Abendmahlsstreit im 9. Jh. zwischen den beiden Mönchen Paschasius Radbertus und Ratramnus der Abtei Corbi in Nordfrankreich ist Zeichen dieser Wende (vgl. ebd. 102).

7 Ebd. 136.

8 Ebd. 102.

9 E. Dussel, Prophetie und Kritik, Entwurf einer Geschichte der Theologie in Lateinamerika, Fribourg/Brig 1989, 30.

10 B. de Las Casas, Werkauswahl, hg. von Marino Delgado (Bd. 1 Missionstheologische Schriften), Paderborn 1994, 27.

11 B. de Las Casas, a.a.O. Bd. 2, 263.

12 Ebd. 265f.

13 Vgl. zur ausführlichen sozialgeschichtlichen Analyse des Textes: E. Dussel, Herrschaft und Befreiung. Ansatz, Stationen und Themen einer lateinamerikanischen Theologie der Befreiung, Freiburg/Schweiz 1985, 45–61. Zur Berufung Bartolomé de Las Casas vgl.: G. Gutiérrez, Gott oder das Gold. Der befreiende Weg des Bartolomé de Las Casas, Freiburg i.B. 1990, 165–217.

14 Vgl. U. Eigenmann, a.a.O. 90.

15 Ebd. 93.

16 F. Schupp, Glaube-Kultur-Symbol. Versuch einer kritischen Theorie sakramentaler Praxis, Düsseldorf 1974, 7f.

17 Vgl. U. Eigenmann, Erläuterungen zur Pastoralkonzeption und zum Arbeitsinstrument, in: «Suchet zuerst das Reich Gottes und seine Gerechtigkeit...» Ein Arbeitsinstrument für pastorales Handeln im Bistum Basel, Solothurn (3)1995, 25–39, hier: 36f.

18 W. Hahne, Aussichtslos unterlegen? Das Hochgebet zwischen Wortgottesdienst und Kommunion, in: A. Heinz und H. Rennings (Hg.), Gratias agamus. Studien zum eucharistischen Hochgebet, Freiburg i.B. 1992, 117–127, hier: 124.

Advent

Präfation

Guter Gott,
wir haben allen Grund,
dich zu preisen.
Du schufst die Welt,
verleihst ihr Pracht und Hoheit.
Du schenkst uns Jesus, deinen Sohn und unseren Bruder:
Krummes wird gerade,
das geknickte Rohr nicht gebrochen,
der brennende Docht nicht ausgelöscht.
Voll Freude stimmen wir darum ein
in das Loblied der Engel und singen:

Sanctus

Laßt uns gemeinsam dir, unserem Gott,
einen Weg bereiten,
wenn wir jetzt miteinander das Leben Jesu feiern.

Seiner gedenken wir und beten:
Sende deinen Heiligen Geist auf uns alle,
damit wir deine ✠ Gegenwart
im Teilen von Brot und Wein wahrhaft erfahren.

Denn in der Nacht, in der Jesus verraten wurde
und sich aus freiem Willen dem Leiden unterwarf,
nahm er das Brot, sagte dir Dank,
und reichte es den Seinen mit den Worten:

Nehmet und esset alle davon,
das ist mein Leib, der für euch hingegeben wird.

Ebenso nahm er nach dem Mahle den Kelch,
dankte wiederum und reichte ihn den Seinen und sprach:

Nehmet und trinket alle daraus:
Das ist der Kelch des immerwährenden Bundes,
mein Blut, das für euch und für alle vergossen wird
zur Vergebung der Sünden.
Tut dies zu meinem Gedächtnis.

Ja, guter Gott,
dich wollen wir loben.
Du hast Jesus nicht dem Tode überlassen,
du hast ihn auferweckt zum Leben.
Glaubend hoffen und bekennen wir:
Er wird kommen,
um die Fesseln unseres Todes zu sprengen
und zu durchbrechen die Gewohnheiten,
mit denen wir uns dem Leben entgegenstellen.

Auf ihn warten wir.
Und mit ihm leben wir jetzt schon,
wenn wir uns gegenseitig stützen
und mutig hinarbeiten auf eine Gesellschaft,
in der Gerechtigkeit und Friede einander die Hand reichen.

Wir bitten dich für die Kirche
laß sie dein Evangelium in dieser Welt verkünden.

Treuer Gott,
deinem Herzen vertrauen wir die Menschen an,
die wir geliebt haben und die gestorben sind.
Sei du ihnen die Heimat, nach der wir uns sehnen.
Breite bergend die Flügel deiner Gegenwart über die Sterbenden.

Zusammen mit der Gottesmutter Maria
und allen Heiligen loben und preisen wir dich,
denn durch Christus und mit ihm und in ihm
wird dir, guter Gott,
in der Einheit des Heiligen Geistes,
alle Herrlichkeit und Ehre, jetzt und in Ewigkeit.
Amen.

Vater unser

Friedensgruß

Legt ab das Kleid der Trauer,
zieht an das Kleid, das Gott euch schenkt.
Wie viele Mütter, Väter,
Schwestern, Brüder aber weinen,
wie viele Kinder schreien laut:
Gott, höre den Schrei nach Frieden.
Schenke uns deinen Frieden.

Nikolaus von Myra

Präfation

Wir wollen dich loben, Gott,
wir danken dir für die Menschen,
die sich nicht hinter kluger Berechnung verbarrikadieren,
für jene, die es riskieren, gut zu sein,
für jene, die sich nicht einreden lassen,
Wohltätigkeit sei ein Faß ohne Boden.
Das hat uns auch Jesus deutlich gemacht mit dem Becher,
aus dem es für jeden und jede
nur gerade für einen Schluck reicht.
Aber vielleicht genau den Schluck, den es braucht,
damit die Lebensgeister,
die Lust am Leben, wieder erwachen,
den Schluck, der uns ermutigt,
den Becher weiterzureichen.
Wir danken für die Geschichten von Menschen,
die dem Leben und der Freude eine Chance geben,
auf das Risiko hin,
daß sie von ihresgleichen,
von unseresgleichen, belächelt werden.
Wir danken dir für die Großherzigen.
Wir haben ja nur ein einziges Herz für dich
und für uns und für deine gesamte Kreatur.
Und wenn uns dieses Herz verkümmert und verkrustet,
wird es auch uns selbst nichts mehr gönnen.
Wir danken dir für den heiligen Nikolaus,
der vom Weizen der Reichen in Rom die Überlebensration
für die Verhungernden seiner Stadt abzweigte.

Wir danken dir für die Geschichten, die gut ausgehen.
Und für jene, die nicht gut ausgehen;
die deponieren wir bei dir.
Denn wo unser Latein am Ende ist,
kennst du noch ganz andere Sprachen.
Doch vorläufig läßt du dir unsere dürftigen Gesänge gefallen.
Darum wollen wir singen.

Sanctus

Wir sind dir noch nie
von Angesicht zu Angesicht begegnet, Gott.
Aber die Kunde von dir wird uns angeboten von Menschen,
die sich nicht in ihrer Klugheit
und ihrer Berechnung strangulieren,
für die es hinter unseren Ängsten
noch eine andere Welt gibt.
Jesus war und bleibt uns das deutlichste Vorbild.
Petrus und all die Siebengescheiten
und Neunmalklugen seinesgleichen
haben ihm nicht ausreden können,
nach Jerusalem zu gehen,
den Konflikt und den Widerspruch,
Leiden und Tod zu riskieren.

Selbst seine Mutter und seine Verwandten sagten von ihm,
er sei von Sinnen.
Und doch wecken Geschichten von ihm
noch immer unser Erstaunen:
In ihm sei deine Gnade uns erschienen,
wie sanft du bist, wie treu.
Für immer sei in ihm ans Licht gekommen, wie du bist:
Wehrlos und uneigennützig,
berechnungslos liebend, Wohltäter der Menschen.
Er war, wie wir so gerne sein möchten,
ein Mensch für Gott,
ein Freund, ein Licht, ein Hirt.

In seinem Namen und Auftrag sind wir versammelt,
um in Erinnerung an ihn das Brot zu brechen
und den Wein auszuteilen.
Wir bitten dich um deinen Geist,
damit im Teilen von Brot und Wein
Jesus Christus unter uns ✠ gegenwärtig wird.

In der letzten Nacht, in der er noch lebte,
hat er Brot gebrochen und ausgeteilt und dazu gesagt:

Das ist mein Leib,
so sollt ihr tun zu meinem Gedächtnis.

Dann nahm er auch den Becher, gab ihn und sagte:

Das ist der unwiderrufliche Bund,
dies ist mein Blut;
es wird vergossen
zur Vergebung eurer Sünden.
Wenn ihr aus diesem Becher trinkt, denkt an mich.

In seinem Namen nehmen wir darum dieses Brot
und brechen es füreinander,
damit wir wissen, was uns erwartet,
wenn wir leben, wie er gelebt hat.

Du hast ihn befreit aus dem Tod, Gott;
wenn er – tot und begraben – doch bei dir lebt:
Rette auch uns und halt uns am Leben;
hol uns jetzt schon durch den Tod hindurch,
mach uns neu,
er hat uns doch zu seinen Schwestern und Brüdern gemacht,
führ uns schon jetzt mit ihm zusammen.
Präge uns unwiderruflich ein
in dein allein unfehlbares Gedächtnis.
Laß uns so teilhaben an deiner Kraft,
gutes Gedenken festzuhalten.

In dir sind uns alle Menschen nahe,
vor allem jene, die uns in tätiger Liebe
und unverschämtem Vertrauen auf dich vorangegangen sind.

Mit ihnen dürfen wir dich
loben und preisen
durch Christus und mit ihm und in ihm
in der Gemeinschaft des Heiligen Geistes
heute und für Zeit und Ewigkeit.
Amen.

Menschwerdung

Präfation

Gott, der du uns väterlich stützest und mütterlich nährst,
wir danken dir:
Aus dem Spiel der Kräfte im großen All
können wir dich ebenso erahnen
wie beim Wachsen des kleinen Grashalmes.
Das ist dir aber nicht genug:
Wir sollen dich nicht nur erahnen,
sondern auch unverwechselbar erkennen können.
So hast du in Jesus von Nazaret
ein Menschengesicht und Menschenleben angenommen.
Du bist kein unbekannter Gott,
der uns nur Fragen und Rätsel aufgibt.
Vielmehr bist du der geheimnisvolle Gott,
der in jedem Menschen lacht und leidet,
liebt und lebt.
Diese deine Nähe macht uns dankbar
und läßt uns mit Freude singen:

Sanctus

Menschenfreundlicher Gott!
In Jesus willst du Mensch unter Menschen sein,
sichtbar, spürbar, sogar genießbar,
wenn wir Brot und Wein miteinander teilen.

Darum bitten wir: ✠ Sende deinen Geist,
daß wir durch dieses Brot und diesen Wein
dich gegenwärtig erfahren!

Als Mensch unter Menschen
hat Jesus uns ein verständliches Zeichen hinterlassen,
und zwar am letzten Abend, da er mit den Seinen zu Tische lag.
Es war ein Abend voller Menschlichkeit
mit Trauer, Angst und Unsicherheit,
aber auch mit Erwartungen und Hoffnung.

Da griff Jesus nach einem Brot,
hielt es in seinen Händen, sprach ein Dankgebet,
brach es und verteilte es mit den Worten:

Dieses gebrochene Brot –
mein Leib für euch!
Tut dies zu meinem Gedächtnis!

Dann machte er das Zeichen noch deutlicher,
nahm einen Becher mit Wein in die Hände,
sprach ein Segenswort, gab ihn in die Runde und sagte:

Dieser Becher, den wir teilen –
mein Blut für euch!
Vergebung aller Schuld –
immerwährender Bund –
vom verläßlichen Gott euch angeboten!
Tut dies immer wieder mir zum Gedächtnis!

Menschenfreundlicher Gott!
Wenn wir an Jesus denken,
kommt uns ein Leben vor Augen,
wie es kein Mensch intensiver leben kann.

Seine Geburt geschah in der Einfachheit
einer provisorischen Unterkunft.
Die Freude darüber war groß,
vor allem bei den Menschen am Rande.

Als er öffentlich auftrat,
ließ er sich auf alle Menschen verbindlich ein:
Er rief Jüngerinnen und Jünger in seine Nähe.
Er ließ keine Knechte und Herren gelten,
sondern wollte sie in geschwisterlicher Gemeinschaft
zusammenwirken und -leben sehen.
Zeichenhaft und einladend
soll dein Reich an ihnen aufscheinen.

Er stellte sich der Not und den Ängsten der kleinen Leute,
nahm ihre Sorgen und Krankheiten ernst,
heilte und tröstete mit dem wirklichen Trost,
daß du kein Aufpasser und Rächer bist,
sondern ein menschenfreundlicher Gott,
der dem Verirrten nachgeht,
die Verlorenen zurückholt,
alle und alles sorgfältig in den Händen hält.

Er bot seinen Gegnern und Feinden die Stirn,
schlug es aus,
mit dir berechnend oder routiniert umzugehen.
So geriet er in einen Konflikt,
der ihm am Kreuz sein Menschenleben kostete.
Doch er hatte recht weit über seinen Tod hinaus:
Du hast ihn auferweckt und damit sein Leben,
sein Handeln und Lehren als verbindlich bestätigt.

Das macht uns,
deine Kirche,
froh und zuversichtlich:
Wir können menschenfreundlich aufeinander zugehen
und offen miteinander unterwegs sein.
Wir müssen uns nicht in Leistung und Gesetz verkrampfen.

Hilf, gütiger Gott,
daß uns das gelinge
zusammen mit den Verantwortlichen deines Volkes:
mit dem Papst und den Bischöfen,
mit den Frauen und Männern im Dienst der Kirche deines Sohnes.

Durch ihn
und mit ihm und in ihm
bringen wir dir unsere Anerkennung und Freude
heute und immer.
Amen.

Palmsonntag

Präfation

Es ist in der Tat würdig und recht,
dich, Gott, zu loben,
dir zuzujubeln, wo immer dein Reich,
deine Macht und deine Herrlichkeit
sichtbar werden in dieser Welt,
wo dein Schwur und das Werk deines Armes
Wirklichkeit werden,
wo die Wächter weder schlafen,
noch schweigen, noch jammern,
sondern für dich und für uns
deine Verheißung unübersehbar
und unüberhörbar lebendig halten,
wo der Ertrag der Arbeit denen zufällt,
die sich dafür angestrengt haben,
wo dem Volk Wege gebaut werden zu einem Heiligtum,
wo herzhaft und in herzlicher Zuneigung
gefeiert werden darf,
wo den Völkern ein Zeichen aufgerichtet wird,
wo Hindernisse der Verständigung weggeräumt werden,
wo selbsternannte Herren abtreten müssen
und das Königtum deines Sohnes anerkannt wird,
der da kommt, gerecht und ohne Gewalt,
auf dem Rücken eines Eselsjungen,
um Waffen und Kriegsgerät zu vernichten,
damit Friede und Gerechtigkeit sich ausbreiten.
Da können wir singen:

Sanctus

Hochgelobt und gepriesen sei unser König,
unser Bruder Jesus,
der seine Macht nicht brauchte,
um andere niederzubeugen, sondern sie aufzurichten,
der es nicht nötig hat, auf andere herunterzusehen,
weil er jedem ins Auge schauen darf.

Er wollte nicht nur,
daß wir sein Bild vom gewaltlosen König
in uns aufnehmen,
der bescheiden auf einem Esel daherkommt,
er wollte so zu uns gehören,
daß wir ihn mit allen Sinnen aufnehmen.

In seinem Namen und Auftrag sind wir versammelt,
um in Erinnerung an ihn
das Brot zu brechen und den Wein auszuteilen.
Wir bitten dich um deinen Geist,
damit im Teilen von Brot und Wein
Jesus Christus unter uns ✠ gegenwärtig wird.

Am Abend vor seinem Tod nahm er unser Brot,
segnete und brach es,
gab davon allen zu essen und sagte dazu:

Nehmet und esset,
das ist mein Leib, mein Leben,
das ich hingebe, damit ihr lebt.

Danach füllte er seinen Becher mit Wein,
segnete auch ihn, gab ihn allen und sprach:

Das ist der Kelch
des unwiderruflichen Bundes,
besiegelt in meinem Tod,
mein Blut, das vergossen wird
zur Vergebung jeder Schuld.
Tut dies zu meinem Gedächtnis.

So feiern wir, guter Gott,
Jesu Vermächtnis und stellen uns seinem Auftrag.
Sein Geist werde wirksam in uns
und unseren Gemeinschaften,
damit die Welt erfahre,
wie Gottes Herrschaft wohltut,
wie sie Leben und Entfaltung bringt,
unsere Sinne zum Zug kommen läßt
und ihnen Zug gibt,
die Herzen weit und die Gedanken beweglich macht,
denn so ist es seiner Ehre angemessen.

Durch Christus und mit ihm und in ihm
dürfen wir dich loben und preisen
in der Gemeinschaft des Heiligen Geistes
heute und an allen Tages unseres Lebens.
Amen.

Ostern

Präfation

Ja, es ist wahrhaft gut,
dich, Gott, als unseren Gott zu preisen.
Wunderbar hast du die Welt geschaffen
und die Macht des Todes gebrochen.
Immer wieder erfahren wir deine Macht,
wenn Fesseln gesprengt werden.
Daher jauchzen wir dir
zusammen mit allen Engeln
und der ganzen Schöpfung zu:

Sanctus

Laßt auch uns die Geschichte von neuem erleben,
die Maria von Magdala,
Maria, die Mutter des Jakobus
und Salome erzählten:
Wir haben den Herrn gesehen,
er ist wahrhaft auferstanden.
Er geht uns voran.

Seiner gedenken wir und beten:
Sende ✠ deinen heiligen Geist auf uns alle,
damit wir beim Brechen des Brotes dich erkennen.

Denn in der Nacht, in der Jesus überantwortet wurde
und sich aus freiem Willen dem Leiden unterwarf,
nahm er das Brot, sagte dir Dank,
und reichte es den Seinen mit den Worten:

Nehmet und esset alle davon,
das ist mein Leib, der für euch hingegeben wird.

Ebenso nahm er nach dem Mahle den Kelch,
dankte wiederum und reichte ihn den Seinen und sprach:

Nehmet und trinket alle daraus:
Das ist der Kelch des immerwährenden Bundes,
mein Blut, das für euch und für alle vergossen wird
zur Vergebung der Sünden.
Tut dies zu meinem Gedächtnis.

Gott,
wir preisen dich:
Du hast die dunkle Nacht des Todes gebrochen:
Du hast die Israeliten aus dem Sklavenhaus geführt,
trockenen Fußes gingen sie durchs Meer.
Du hast den Abraham erkennen lassen,
daß du keine Menschenopfer willst.
Du hast uns Jesus geschenkt,
der ganz aus dir lebte,
der gebrochen, gefoltert und gekreuzigt wurde.
Und in dieser Nacht (an diesem Morgen) erzählen
uns die Frauen:
Jesus ist wahrhaft auferstanden.
Alleluja.

Gott,
wir wollen nicht schweigen
und singen das Loblied mit der Erde:
Du hast den Tod überwunden
und hast wahr gemacht, was wir ersehnen.
Nach Galiläa geht Jesus uns voran:
Auf, kommt und seht,
verkündet und handelt:
Hungernde werden satt,
Ausgestoßene finden Heimat,
Trauernde werden getröstet
und Gefangene frei.

Gott-mit-uns,
laß uns eine Kirche des Lebens sein.
Mögen wir alle als Getaufte
Beispiel und Gemeinschaft werden:
Dann wird Jesu Leben, sein Tod und seine Auferstehung
für immer mehr Menschen zu einer wahrhaft frohen Botschaft.

Wir gedenken der Opfer sinnloser Gewalt
und all der Toten.
Decke ihnen den Tisch und sei ihre Heimat.

Zusammen mit der Gottesmutter Maria
und allen Heiligen loben und preisen wir dich,
denn durch Christus und mit ihm und in ihm
wird dir, guter Gott,
in der Einheit des Heiligen Geistes,
alle Herrlichkeit und Ehre, jetzt und in Ewigkeit.
Amen.

Vater unser

Friedensgruß

Am Ostermorgen erschien Jesus
seinen Jüngerinnen und Jüngern
und wünschte ihnen den Frieden,
den Frieden, den auch wir uns wünschen wollen.
Der Friede des Herrn sei allzeit mit euch.

Pfingsten

Präfation

Guter Gott,
wir danken dir für deinen Heiligen Geist,
den du ausgegossen hast über uns:
Welch großer Reichtum in der Vielfalt der Sprachen,
welch tiefe Gemeinschaft in unserer Verschiedenheit
dürfen wir durch ihn erfahren.
Daher stimmen wir voll Dankbarkeit ein
in das Loblied der Engel und der Schöpfung,
wenn wir jetzt singen:

Sanctus

Voll Freude dürfen wir heute
einander die Geschichte erzählen,
wie Frauen und Männer
vom Heiligen Geist erfüllt
die Mauern der Angst durchbrachen
und verkündeten:
Jesus, ermordet am Kreuz,
lebt wahrhaftig.

Seiner gedenken wir, wenn wir jetzt beten:
Sende ✠ deinen Heiligen Geist auf uns,
damit im Teilen von Brot und Wein
dein Leben unter uns gegenwärtig sei.

Denn in der Nacht, in der Jesus verraten wurde
und sich aus freiem Willen dem Leiden unterwarf,
nahm er das Brot, sagte dir Dank,
reichte es den Seinen mit den Worten:

Nehmet und esset alle davon,
das ist mein Leib, der für euch hingegeben wird.

Ebenso nahm er nach dem Mahle den Kelch,
dankte wiederum und reichte ihn den Seinen und sprach:

Nehmet und trinket alle daraus:
Das ist der Kelch des immerwährenden Bundes,
mein Blut, das für euch und für alle vergossen wird
zur Vergebung der Sünden.
Tut dies zu meinem Gedächtnis.

Ja, guter Gott,
Jesus hat sich auf die Seite derer gestellt,
die ausgestoßen wurden.
Er hat sie aufgerichtet,
mit ihnen gegessen und getrunken.
Maria von Magdala hat ihn gestärkt und gesalbt.
Ihr hat er versprochen,
daß ihr Name stets mit dem seinen genannt werden soll.
Er wurde gefoltert und ans Kreuz geschlagen,
weil er jene Grenzen nicht anerkannte,
mit der Menschen andere in deinem Namen ausschlossen.
Du, Gott, hast ihn nicht dem Tode überlassen.
Du hast ihn auferweckt.
Lob und Dank sei dir.

Guter Gott,
du hast uns deinen Heiligen Geist gesandt,
damit wir im Geiste Jesu leben.
Wir bitten dich,
laß uns offen sein für diesen Geist,
der die Wunden aufdeckt,
damit wir umkehren und all das überwinden,
was uns klein macht und erniedrigt.

Wir bitten dich für unsere Kirche,
für den Bischof von Rom … und unseren Bischof …
Stärke auch uns mit deinem Geist,
damit wir die Zeichen der Zeit zu deuten verstehen
und auf eine Welt hinarbeiten,
in der es weder Freie noch Sklaven gibt,
weder Mann noch Frau,
weil wir alle eins in Christus Jesus sind.

Barmherziger Gott,
deinem Herzen vertrauen wir alle Kranken an.
Nimm die Menschen, die gestorben sind,
auf in deinen himmlischen Frieden
und breite bergend die Flügel deiner
Gegenwart über die Sterbenden.

Zusammen mit der Gottesmutter Maria
und allen Heiligen loben und preisen wir dich.
Denn durch Christus und mit ihm und in ihm
wird dir, guter Gott, in der Einheit des Heiligen Geistes,
alle Herrlichkeit und Ehre, jetzt und in Ewigkeit.
Amen.

Vater unser

Friedensgruß

Guter Gott,
höre gnädig auf uns, die wir zu dir beten:
Sende aus deinen Geist,
und das Antlitz der Erde wird neu.
Der Friede des Herrn sei allzeit mit euch.

Exodus

Präfation

Gott, du väterliche Stütze und mütterliche Sorge!
Wir haben Grund, dir zu danken:
Zeichenhaft hast du ein versklavtes Volk zur Freiheit bestimmt.
Du bist mit ihm gewesen bei seinem schweren Aufbruch.
Du hast es begleitet auf seinen Irrwegen durch die Wüste.
Du hast dieses Volk erwartet zu seinem Einzug ins gelobte Land.
Wir danken dir, daß Jesus,
dein Sohn und unser Bruder, uns klar macht:
Der Weg dieses Volkes kann auch der Weg deiner Kirche,
auch der Weg unserer Gemeinschaft,
der Weg eines jeden Menschen sein.
Er macht uns dankbar,
daß wir das heute neu erfahren dürfen:
Du brichst mit uns auf.
Du bist mit uns unterwegs.
Du läßt uns ankommen bei dir.
Hör unseren Dank, den wir dir gemeinsam singen:

Sanctus

Gott, wir sind jetzt als Menschen zusammen, die wissen:
Unser Leben verlangt von uns,
immer wieder aufzubrechen und auf dem Weg zu sein.
Wollten wir nur zurückschauen oder gar stehen bleiben,
müßten wir dem Leben und damit dir untreu werden.
Dieses Weg-Leben ist verheißungsvoll,
macht uns aber auch Angst.
Wir sind darauf angewiesen, daß du mit uns bist.
Wir brauchen die Gewißheit,
daß Neues uns nicht überfordert,
Liebgewordenes uns nicht hemmt;
daß Freuden und Leiden nicht umsonst sind;
daß liebe Menschen –
auch bei Abschied und Tod –
uns nicht verloren gehen.

Darum sind wir dankbar,
daß Jesus uns ein Zeichen hinterlassen hat,
das uns Angst nimmt und Mut macht.
Du selbst bist gegenwärtig,
wenn wir schlichtes Brot
und klaren Wein miteinander teilen.
Wir bitten dich um deinen Geist:
Er vermittle uns ✠ durch dieses Brot und diesen Wein
deine Gegenwart – glaubhaft und spürbar.
Im Auftrag Jesu setzen wir jetzt erneut
das Zeichen seines Testaments.

Es war der letzte Abend,
an dem Jesus mit seinen Jüngerinnen und Jüngern zu Tisch lag.
Er wußte, daß ihm Leiden und Tod bevorstanden.
Da nahm er Brot in seine Hände,
brach und verteilte es und sagte:

Nehmet und esset –
mein Leib für euch –
Tut das zu meinem Gedächtnis!

Nach dem Essen nahm Jesus einen Becher mit Wein,
sprach ein Dankgebet, reichte ihn weiter und sagte:

Nehmt und trinkt –
mein Blut für euch –
immerwährender Bund
zwischen Gott und euch –
Vergebung aller Schuld –
Trinkt diesen Becher immer wieder
mir zum Gedächtnis!

Jesu Tod und Auferstehung bezeugen wir,
solange wir unterwegs sind zu dir
und du uns entgegenkommst.

Gütiger Gott, wir erinnern uns an Jesus,
deinen Sohn und unseren Bruder,
und machen uns so seine Nähe bewußt:
Jesus hat ein Leben voller Abschiede gelebt,
ohne Sicherheit und Ort,
wo er sein Haupt hinlegen konnte.
Er hat Geschichten erzählt,
in denen der Kaufmann für die neue Perle
von allem Abschied nahm;
der Hirt für das eine verlorene Schaf
die andern neunundneunzig zurückließ.
Er hat Jüngerinnen und Jünger aufbrechen lassen,
für das Reich Gottes unterwegs zu sein,
vor allem den Armen und Kleinen
Befreiung anzusagen und daran mitzuwirken.

Jesu letzten Abschied,
den Tod am Kreuz,
besiegelte der Stein vor dem Grab.
Doch gerade diesen Abschied
hast du in endgültige Ankunft gekehrt:
Der Auferstandene und sein «Leben in Fülle»
schenken Hoffnung und Zuversicht.

Gott, als dein Volk auf dem Weg bitten wir:
Laß deine Kirche verstehen,
daß nur der stetige Aufbruch bei dir ankommen läßt.

Das wissen wir und danken dir dafür
durch Jesus und mit ihm und in ihm,
deinem Sohn und unserem Bruder,
der uns dein wahres Gesicht zeigt,
heute und immer.
Amen.

Sabbat

Präfation (Ps 92)

Wie schön ist es, Gott zu danken,
deinem Namen, du Höchster, zu singen,
am Morgen deine Huld zu verkünden
und in den Nächten deine Treue,
zur zehnsaitigen Laute,
zur Harfe, zum Klang der Zither.
Denn du hast mich durch deine Taten froh gemacht;
Gott, ich will jubeln über die Werke deiner Hände.
Wie groß sind deine Werke, o Gott,
wie tief deine Gedanken!
Der Gerechte gedeiht wie die Palme,
er wächst wie die Zedern des Libanon.
Gepflanzt im Hause Gottes,
gedeihen sie in den Vorhöfen unseres Gottes.
Sie tragen die Frucht noch im Alter
und bleiben voll Saft und Frische;
sie verkünden: Gerecht ist Gott;
mein Fels ist er, an ihm ist kein Unrecht.
So können wir singen:

Sanctus

Guter Gott, im Namen und Auftrag Jesu
sind wir jetzt vor dir versammelt,
um in Erinnerung an ihn
das Brot zu brechen und den Wein auszuteilen.
Wir bitten um deinen Geist,
damit im Teilen von Brot und Wein
Jesus Christus unter uns ✠ gegenwärtig wird.

Am Abend vor seinem Leiden hat Jesus
die Seinen zu Tisch geladen,
Brot genommen und darüber das Segensgebet gesprochen:
Gelobt seist du, unser Gott,
der das Brot aus dem Ackerboden sprießen läßt.
Dann brach er das Brot
und gab allen davon zu essen mit dem Auftrag:

Nehmet und esset alle davon,
das ist mein Leib, mein Leben für euch.

Dann füllte er seinen Becher mit Wein
und sprach über ihn den Segen:
Gelobt seist du, unser Gott,
der uns die Frucht des Weinstocks gegeben hat.
Er reichte den Becher allen zum Trinken und sprach dazu:

Dieser Becher ist der unwiderrufliche Bund,
besiegelt in meinem Blut,
das ich vergieße,
damit alle Schulden erlassen seien.
Tut dies zu meinem Gedächtnis.

So sind denn Brot und Wein,
Christus in unserer Mitte,
das Geheimnis unseres Glaubens.

So tun wir, deine Töchter und Söhne,
gütiger Gott, was dein Sohn uns aufgetragen hat.
Wir feiern deine Gegenwart inmitten deiner Schöpfung,
wir lassen uns ein auf den Segen,
womit du den Tag deiner Ruhe geheiligt hast.

Wir feiern das Gedächtnis deines Sohnes,
der einer von uns war,
aber klarer als unseresgleichen darum gewußt hat,
daß du uns Menschen frei willst,
daß du alle Knechtungen durch jegliche Macht,
Unterwerfung und Unterdrückung,
Ausbeutung und Verachtung
und wie die üblen Spießgesellen
des Todes sonst noch heißen, verachtest.

Du hast Jesus zu dir aufgenommen.
So rette auch uns durch den Tod hindurch.
Zerbrich die tödlichen Kreisläufe,
die uns in ihren Bann ziehen.
Laß in unserer Gemeinschaft
Mensch, Tier und Pflanzenwelt
zu ihrer wahren Bestimmung gedeihen.

Dann dürfen wir dich loben
durch Christus und mit ihm und in ihm
in der Gemeinschaft des Heiligen Geistes
jetzt und für alle Zeiten.
Amen.

Frieden

Präfation

Wir danken dir guter Gott;
denn in deinem Namen hat Jesus einen neuen Frieden gebracht.
Es war kein Friede gestützt auf militärische Gewalt
und politische Macht,
sondern ein Friede, gegründet auf Gerechtigkeit
und der Achtung eines jeden Menschen.
Wir sind dankbar für den Frieden,
den Jesus mit seinem Leben bezeugt hat.
Durch sein Beispiel ermutigt,
vertrauen wir auf deine Verheißung,
daß Schwerter zu Pflugscharen
und Lanzen zu Winzermessern werden;
daß kein Volk mehr sich wider das andere erheben
und nicht mehr für den Krieg geübt wird.
So bekennen wir:

Sanctus

Guter Gott, vielfältig sind die Formen von Gewalt
in der Welt, in der Gesellschaft und selbst in den Familien.
Gewalt wird ausgeübt,
wenn Reiche Arme benachteiligen,
Starke Schwache beherrschen
und Führende Arglose betrügen;
wenn Vorurteile Beziehungen vergiften
und Feindbilder zu unmenschlichen Taten verleiten.
Trotz allem hoffen wir auf eine menschlichere Welt,
in der sich Gerechtigkeit und Frieden küssen.

Von einem wird uns berichtet,
daß er der Gewalt widerstand und Frieden brachte.
Es wird uns berichtet von Jesus von Nazaret,
der selig pries, die Frieden stiften
und nach Gerechtigkeit dürsten.
Den Mächtigen und Frommen wurde er deshalb lästig,
und seine Angehörigen wandten sich von ihm ab.
Weil er seine Liebe für jene auf der Schattenseite des Lebens
gewaltlos und glaubhaft bis zum Tod am Kreuz bezeugte,
feiern wir sein Gedächtnis.

In seinem Namen und Auftrag sind wir jetzt versammelt,
um in Erinnerung an ihn das Brot zu brechen
(und den Wein auszuteilen).
Wir bitten dich um deinen Geist,
damit im Teilen des Brotes
(im Teilen von Brot und Wein)
Jesus Christus unter uns ✠ gegenwärtig wird.

Es war in der Nacht vor seinem Leiden.
Im Angesichte des Todes kam Jesus mit den Seinen zusammen,
um von ihnen Abschied zu nehmen.
In jener Nacht nahm er während des Essens
Brot in seine Hände, dankte dir dafür,
brach es und reichte es den Seinen mit den Worten:

Nehmet und esset alle davon.
Das ist mein Leib, der für euch hingegeben wird.

Ebenso nahm er in jener Nacht
nach dem Essen den Becher mit Wein,
dankte wiederum und reichte ihn den Seinen mit den Worten:

Nehmet und trinket alle daraus.
Das ist der Becher des immerwährenden Bundes,
mein Blut, das für euch und für alle vergossen wird
zur Vergebung der Sünden.
Tut dies zu meinem Gedächtnis.

Guter Gott, wir gedenken unseres Bruders Jesus.
Er wich den Konflikten nicht aus und blieb seiner Sendung treu.
Gewaltlos widerstand er der Macht
und wurde deswegen gekreuzigt.
Weil er auf dich vertraute,
konnte er sich ins Dunkel des Todes fallen lassen.
Mit seinem Tod ging er aber nicht unter,
und wurde sein Geist nicht ausgelöscht.
Seine Jüngerinnen und Jünger bekannten,
daß du ihm treu geblieben bist durch alles Scheitern hindurch.
Sie bezeugten, daß der Friede die Gewalt überwunden,
die Liebe den Haß bezwungen
und das Leben den Tod besiegt hat.

Wir bitten dich um deinen Geist, damit wir heute weiterführen,
womit Jesus damals begonnen hat.
Ermutige uns durch die Kraft deines Geistes,
den Teufelskreis von Feindbildern zu durchbrechen
und die Spirale der Gewalt zurückzudrehen.
Laß uns an den Frieden glauben
und an die Macht der Gewaltlosen.
Gib, daß wir die Enge
nationaler und ethnischer Interessen aufbrechen
und Heimat als weltweite Geschwisterlichkeit begreifen.
Laß uns darauf hoffen, daß du alle Tränen abwischen
und Tod, Leid und Schmerz überwinden wirst.

Erbarme dich jener Menschen,
die im Kampf für Gerechtigkeit und Frieden
ihr Leben lassen mußten und sei all denen nahe,
die unbekannt und namenlos irgendwo begraben liegen.

Befreie alle in allen Kirchen und Religionen
zu prophetischem Mut
und laß sie eintreten für Gerechtigkeit und Frieden.
Wir bitten für den Bischof von Rom ... und unseren Bischof ... .
Laß uns selbst in der Kraft deines Heiligen Geistes
Zeichen der Hoffnung sein im Dunkel dieser Welt.

Dann dürfen wir dich loben und preisen
zusammen mit Maria, der Mutter Jesu,
den Aposteln und Blutzeugen,
dem/der Heiligen ... und allen Heiligen und Gläubigen
durch Christus und mit ihm und in ihm
in der Gemeinschaft des Heiligen Geistes
heute und an allen Tagen unseres Lebens.
Amen.

Ein Gott

Präfation

Gott, einzig bist du,
du allein,
Lob und Preis sei dir.
Deine Herrschaft macht uns frei
und läßt uns aufrecht gehen.
Darum singen wir das Loblied der Engel
und stimmen ein in das Lied der Schöpfung:

Sanctus

Laßt uns einander immer wieder
die Geschichte erzählen von dir, unserem Gott:
Du hast die Israeliten aus der
Knechtschaft in die Freiheit geführt
und sie auf ihrem Weg begleitet.
Du hast dich der Kleinen und Niederen
angenommen und dich ihrer erbarmt.
Du hast uns Jesus geschenkt.

Seiner gedenken wir, wenn wir jetzt beten:
Sende ✠ deinen Heiligen Geist auf uns alle,
damit im Teilen von Brot und Wein
Jesus Christus unter uns gegenwärtig wird.

Denn in der Nacht, in der Jesus verraten wurde
und sich aus freiem Willen dem Leiden unterwarf,
nahm er das Brot, sagte dir Dank,
und reichte es den Seinen mit den Worten:

Nehmet und esset alle davon,
das ist mein Leib, der für euch hingegeben wird.

Ebenso nahm er nach dem Mahle den Kelch,
dankte wiederum und reichte ihn den Seinen und sprach:

Nehmet und trinket alle daraus:
Das ist der Kelch des immerwährenden Bundes,
mein Blut, das für euch und für alle vergossen wird
zur Vergebung der Sünden.
Tut dies zu meinem Gedächtnis.

Dankbar wollen wir uns Jesu erinnern:
Er hat die Ehebrecherin nicht verurteilt
und verkündet, daß nicht die Gesunden,
sondern die Kranken des Arztes bedürfen.
Weil er ganz aus dir, Gott, lebte,
fürchtete er sich nicht vor den Mächtigen.
Sie aber fürchteten die Macht des Ohnmächtigen
und kreuzigten ihn.
Doch du, Gott, du hast ihn auferweckt,
und dich durch ihn als Gott des Lebens erwiesen.
Lob und Dank sei dir.

Guter Gott,
wir bitten dich für uns, für unsere Kirche
und für alle Menschen auf dieser Welt:
Laß uns nicht der Versuchung erliegen und
falschen Göttern nachrennen.
Mit Maria von Magdala
möchten wir der ganzen Welt verkünden:
Du, Gott, bist ein Gott des Lebens.

Wir gedenken all der Menschen,
die wir geliebt haben und die gestorben sind,
sowie all jener, die geschunden und gefoltert werden:
Sei du mit ihnen
und laß den Schrei nach Gerechtigkeit
nicht ungehört verhallen.

Zusammen mit der Gottesmutter Maria
und allen Heiligen loben und preisen wir dich,
denn durch Christus und mit ihm und in ihm
wird dir, guter Gott,
in der Einheit des Heiligen Geistes,
alle Herrlichkeit und Ehre, jetzt und in Ewigkeit.
Amen.

Vater unser

Friedensgruß

Laßt uns Gott danken,
daß er unser Gott ist.
Laßt uns Gott bitten,
daß er unser Gott bleibt.
Laßt uns einander den Frieden wünschen,
der all jenen verheißen ist, die guten Willens sind.

Bilderverbot

Präfation

Wir danken dir, guter Gott.
Du, der nicht will,
daß jemand sich ein Bild von ihm macht,
bist uns in Jesus nahegekommen
und bleibst doch unbegreiflich verborgen.
In Jesus, unserem Bruder und deinem Sohn,
erkennen wir, wer du für uns bist.
Wir danken dir dafür, daß du heilend und befreiend
für alle da bist, die dich suchen.
Wir danken für jene Menschen,
die dem Beispiel Jesu folgen und
sich kein Bild von uns machen.
So können wir uns ändern und bekennen:

Sanctus

Guter Gott, oft sind wir versucht,
uns ein Bild von dir zu machen.
Wir meinen zu wissen, wer und wie du bist.
Du aber bist anders als wir denken
und größer als wir glauben.
Einer von uns,
Jesus aus Nazaret, hat gelebt, wer du für uns bist.
In deinem Namen kam er und lud ein,
von den Bildern zu lassen, die die Menschen hatten von dir
und die sie voneinander machten.

Dies aber wurde ihm zum Verhängnis.
Viele wollten nicht lassen von den Bildern,
mit denen sie sich gegenseitig festlegten.
Unverändert sollte auch bleiben das Bild,
das sie hatten von dir.
Jesus aber ließ sich nicht beirren
und hielt fest an dir,
dem befreienden und vergebenden Gott.
Deshalb trachteten ihm
die Reichen, Mächtigen und Frommen nach dem Leben.

Im Namen und Auftrag Jesu
sind wir jetzt vor dir versammelt,
um in Erinnerung an ihn das Brot zu brechen
(und den Wein auszuteilen).
Wir bitten dich um deinen Geist,
damit im Teilen des Brotes
(im Teilen von Brot und Wein)
Jesus Christus unter uns ✠ gegenwärtig wird.

Es war in der Nacht vor seinem Leiden.
Im Angesichte des Todes kam Jesus mit den Seinen zusammen,
um von ihnen Abschied zu nehmen.
In jener Nacht nahm er während des Essens
Brot in seine Hände, dankte dafür, brach es
und reichte es den Seinen mit den Worten:

Nehmet und esset alle davon.
Das ist mein Leib, der für euch hingegeben wird.

Ebenso nahm er in jener Nacht
nach dem Essen den Becher mit Wein,
dankte wiederum und reichte ihn den Seinen mit den Worten:

Nehmet und trinket alle daraus.
Das ist der Becher
des immerwährenden Bundes, mein Blut,
das für euch und für alle vergossen wird
zur Vergebung der Sünden.
Tut dies zu meinem Gedächtnis.

Guter Gott,
wir gedenken jetzt des befreienden Lebens Jesu.
Wir erinnern uns daran,
daß er allen Menschen ohne Vorbehalt begegnete,
den verhaßten und geächteten Zöllnern
ebenso wie den in Schuld verstrickten Sündern.
Er lädt ein, ihm zu folgen
und von den Bildern zu lassen,
die wir von dir haben und voneinander machen.

Bleibe uns nahe in der Kraft des Heiligen Geistes,
damit wir neu beginnen miteinander
und daß wir lassen von Bildern,
die festlegen und gefangenhalten.
Ermutige uns, einander zu begegnen,
wahrhaftig und ohne Falsch.
Gib, daß wir einen jeden und eine jede
unter uns gelten lassen.

Stärke mit dem Heiligen Geist jene,
die eine besondere Verantwortung in der Kirche tragen.
Wir bitten für den Bischof von Rom ... und unseren Bischof ... .

Erbarme dich all der Menschen,
die uns nahegestanden sind
und die der Tod uns entrissen hat,
und vergiß die nicht,
um die niemand mehr trauert.

Wenn wir in der Nachfolge Jesu
von Bildern lassen,
werden wir zu seiner Kirche,
in der wir dir danken
durch ihn und mit ihm und in ihm
in der Einheit des Heiligen Geistes
hier und auf der ganzen Erde
heute und bis ans Ende der Zeiten.
Amen.

Reich Gottes

Präfation

Wir danken dir, guter Gott,
für die Vision eines Lebens in Fülle für alle Menschen,
die Jesus in deinem Namen bezeugt hat.
Wir danken dir, daß du uns in ihm dein Reich
und dessen Gerechtigkeit geoffenbart hast.
Wir sind dankbar,
weil Jesus die Verhältnisse nicht festgeschrieben,
sondern zur Umkehr aufgerufen
und befreiend neue Horizonte eröffnet hat.
Gegen die Reiche dieser Welt
dürfen wir an deinem Reich der Gerechtigkeit,
der Liebe und des Friedens festhalten und bekennen:

Sanctus

Guter Gott, in deinem Namen verkündete Jesus,
die Zeit sei erfüllt und dein Reich nahegekommen.
Er verglich es mit einem Schatz im Acker
und einer kostbaren Perle.
Seine Nähe bezeugte er,
indem er Kranke heilte und Besessene befreite,
auf der Seite der Armen stand,
Partei für die Beherrschten ergriff
und ein Freund der geächteten Zöllner und Sünder war.
Dein Reich verglich er mit einem Fest,
auf dem alle satt werden
und zu dem die Bösen vor den Guten geladen sind.
Er verstand es als Umkehrung der Verhältnisse,
wenn darin Erste Letzte und Letzte Erste sind.
Die damals um Besitz, Macht und Ansehen bangten,
trachteten ihm deshalb nach dem Leben,
und seine Verwandten erklärten, er sei von Sinnen.
Jesus aber hielt fest an deinem Reich
und seiner Gerechtigkeit für die Erde.

In seinem Namen und Auftrag sind wir jetzt versammelt,
um in Erinnerung an ihn das Brot zu brechen
(und den Wein auszuteilen).
Wir bitten dich um deinen Geist,
damit im Teilen des Brotes
(im Teilen von Brot und Wein)
Jesus Christus unter uns ✠ gegenwärtig wird.

Es war in der Nacht vor seinem Leiden.
Im Angesichte des Todes kam Jesus mit den Seinen zusammen,
um von ihnen Abschied zu nehmen.
In jener Nacht nahm er während des Essens
Brot in seine Hände, dankte dafür,
brach es und reichte es den Seinen mit den Worten:

Nehmet und esset alle davon.
Das ist mein Leib, der für euch hingegeben wird.

Ebenso nahm er in jener Nacht
nach dem Essen den Becher mit Wein,
dankte wiederum und reichte ihn den Seinen mit den Worten:

Nehmet und trinket alle daraus.
Das ist der Becher
des immerwährenden Bundes, mein Blut,
das für euch und für alle vergossen wird
zur Vergebung der Sünden.
Tut dies zu meinem Gedächtnis.

Guter Gott, wir gedenken des Einsatzes Jesu
für dein Reich und dessen Gerechtigkeit.
Laß uns zuerst dieses suchen und darauf vertrauen,
daß uns alles andere dazugegeben wird.
Laß uns in der Kraft des Heiligen Geistes glauben,
daß Erfolg keine der Kategorien in deinem Reich ist.
Laß uns hoffen, daß noch im Scheitern
die Vision eines Lebens in Fülle für alle Menschen
Bestand hat und nicht untergeht.
Laß uns lieben bis an die Grenzen unserer Möglichkeiten.

Gib, daß wir nicht aufhören,
an eine menschlichere Welt zu glauben und dafür zu arbeiten.
Laß uns glauben an eine Welt,
in der niemand mehr bangen muß ums tägliche Brot;
in der die Starken die Schwachen beschützen;
in der Friede herrscht und die Waffen schweigen;
in der unsere Träume Früchte tragen
und unsere Hoffnungen nicht zuschanden werden;
in der wir glücklich leben können, niemand auf Kosten anderer.

Erfülle mit deinem Geist jene,
die eine besondere Verantwortung in der Kirche tragen,
damit sie zusammen mit dem ganzen Volk Gottes
zuerst dein Reich und seine Gerechtigkeit suchen.
Wir bitten für den Bischof von Rom ... und unseren Bischof ... .

Guter Gott, erbarme dich all derer,
die uns nahegestanden sind und die der Tod uns entrissen hat
und vergiß die nicht, um die niemand mehr trauert.
Laß uns hoffen auf das Leben in Fülle in deinem Reich
zusammen mit Maria, der Mutter Jesu,
mit den Aposteln und Blutzeugen,
mit dem/der Heiligen ... und allen Heiligen und Gläubigen.

Wenn wir in der Nachfolge Jesu Sauerteig für die Welt sind,
werden wir zu seiner Gemeinde und dürfen dich loben
durch Christus und mit ihm und in ihm
in der Einheit des Heiligen Geistes
hier und auf der ganzen Erde,
heute und an allen Tagen unseres Lebens.
Amen.

Gott des Lebens

Präfation

Wir danken dir, guter Gott.
Wir glauben, daß unser Leben in dir
seinen Ursprung hat und in dir seine Vollendung findet.
Wir danken dir für Jesus,
der in deinem Namen kam,
damit alle Menschen das Leben
und dieses in Fülle haben.
Wir danken dir für ihn,
weil ihm die Befreiung von Nöten
wichtiger war als die Beachtung
heiliger Überlieferungen.
Dankbar bereit, ihm nachzufolgen,
bekennen wir:

Sanctus

Guter Gott, du hast dich dem Mose
als jener offenbart,
der das Elend seines Volkes gesehen
und dessen Schrei gehört hat.
Von Anfang an warst du auf der Seite
der bedrückten Hebräerinnen und Hebräer.
Du wolltest deren Befreiung
und führtest sie aus dem Sklavenhaus Ägyptens
in ein Land, in dem Milch und Honig fließt.
Du bist kein Gott privater Innerlichkeit,
sondern der befreiende Gott der Geschichte.
Du willst nicht, daß in deinem Namen
Herrschaft ausgeübt wird
oder die Verhältnisse religiös verklärt werden.
Du bist der eine und einzige Gott
und duldest um unserer Freiheit willen
keine Götzen neben dir.

Im Namen und Auftrag Jesu sind wir vor dir versammelt,
um in Erinnerung an ihn das Brot zu brechen
(und den Wein auszuteilen).
Wir bitten dich um deinen Geist,
damit im Teilen des Brotes
(im Teilen von Brot und Wein)
Jesus Christus unter uns ✠ gegenwärtig wird.

Es war in der Nacht vor seinem Leiden.
Im Angesichte des Todes kam Jesus mit den Seinen zusammen,
um von ihnen Abschied zu nehmen.
In jener Nacht nahm er während des Essens
Brot in seine Hände, dankte dafür, brach es
und reichte es den Seinen mit den Worten:

Nehmet und esset alle davon.
Das ist mein Leib, der für euch hingegeben wird.

Ebenso nahm er in jener Nacht
nach dem Essen den Becher mit Wein,
dankte wiederum und reichte ihn den Seinen mit den Worten:

Nehmet und trinket alle daraus.
Das ist der Becher
des immerwährenden Bundes, mein Blut,
das für euch und für alle vergossen wird
zur Vergebung der Sünden.
Tut dies zu meinem Gedächtnis.

Treuer Gott, wir gedenken des befreienden Lebens Jesu.
Er durchschaute das etablierte Unrecht seiner Zeit
und wollte nicht, daß es in deinem Namen weiterbestehe.
Deshalb griff er den Tempel an,
vertrieb die Geldwechsler
und stieß den Taubenhändlern die Tische um,
erklärte den Tempel zur Räuberhöhle
und entzog ihm deine
und damit jegliche Rechtfertigung.

Wir bitten um den Heiligen Geist.
Laß uns den Glauben an dich,
den Gott des Lebens, bezeugen,
indem wir ausbeuterische Systeme bekämpfen,
damit niemand mehr um die Früchte der Arbeit betrogen wird;
indem wir knechtende Ordnungen unterwandern,
damit niemand mehr beherrscht und darniedergehalten wird;
indem wir die Götzen des Todes entmachten,
damit ihnen nichts und niemand mehr geopfert werden kann.

Erfülle mit deinem Geist auch jene,
die eine besondere Verantwortung in der Kirche tragen,
damit sie mit uns der Versuchung zur Komplizenschaft
mit Reichen und Mächtigen widerstehen.
Wir bitten für den Bischof von Rom ... und unseren Bischof ... .

Gedenke der vielen und namenlosen Opfer
lebensfeindlicher Verhältnisse
und all jener, die uns nahegestanden sind
und die der Tod uns entrissen hat.

Im Glauben, daß du der Gott des Lebens bist,
dürfen wir dich loben und preisen
durch Christus und mit ihm und in ihm
in der Einheit des Heiligen Geistes
hier und auf der ganzen Erde,
heute und für Zeit und Ewigkeit.
Amen.

Gottes Geheimnis

Präfation

Wir danken dir, guter Gott.
Du bist als unbegreifliches und heiliges Geheimnis
Ursprung und Ziel unseres Lebens.
Wir glauben, daß wir uns auf dich
durch und durch verlassen können.
Im Glauben an dich dürfen wir von Quellen trinken,
die wir nicht selbst gespiesen haben.
Wir sind dankbar für jene Menschen,
die uns zur Seite stehen
und in denen wir etwas von deiner Treue erfahren.
Im Glauben, daß du selbst
das Geheimnis unseres Lebens bist, bekennen wir:

Sanctus

Treuer Gott, ein Leben lang sind wir auf der Suche nach dir.
Wir fragen nach dir,
wenn wir fragen nach dem Sinn unseres Lebens.
Niemand hat dich je gesehen,
wenn wir aber füreinander einstehen,
kommt deine Liebe in uns zum Ziel.
Wir glauben, daß du uns in Jesus
dein Antlitz zugewandt hast,
daß du uns nahe bist in der Kraft des Heiligen Geistes
und doch unbegreiflich verborgen bleibst.

In deinem Namen hat Jesus von Nazaret gelebt,
wer du für uns bist.
Der heilende und befreiende Gott,
der sich um jede und jeden kümmert,
vor allem aber um die Armen und Bedrängten.

Im Namen und Auftrag Jesu sind wir vor dir versammelt,
um in Erinnerung an ihn das Brot zu brechen
(und den Wein auszuteilen).
Wir bitten dich um deinen Geist,
damit im Teilen des Brotes
(im Teilen von Brot und Wein)
Jesus Christus unter uns ✠ gegenwärtig wird.

Es war damals vor dem Osterfest.
Im Angesichte des Todes kam Jesus mit den Seinen zusammen,
um von ihnen Abschied zu nehmen.
In jener Nacht nahm er während des Essens
Brot in seine Hände, dankte dafür, brach es
und reichte es den Seinen mit den Worten:

Nehmet und esset alle davon.
Das ist mein Leib, der für euch hingegeben wird.

Ebenso nahm er in jener Nacht
nach dem Essen den Becher mit Wein,
dankte wiederum und reichte ihn den Seinen mit den Worten:

Nehmet und trinket alle daraus.
Das ist der Becher
des immerwährenden Bundes, mein Blut,
das für euch und für alle vergossen wird
zur Vergebung der Sünden.
Tut dies zu meinem Gedächtnis.

Guter Gott,
wir denken an das befreiende Leben
und an das selbstlose Sterben Jesu.
Im Glauben an deine Treue
ging er bis zum äußersten
und lebte eine Liebe ohne Grenzen.
Er scheiterte am Kreuz
und ging doch nicht verloren,
da du ihn nicht im Stich gelassen hast.
Weil du ihm treu geblieben bist,
haben wir den Mut, ihm zu folgen im Glauben daran,
so zum Sinn unseres Lebens in dir zu finden.
Weil deine Treue keine Grenzen kennt,
darf auch unsere Hoffnung grenzenlos sein.

Wir bitten dich um die Kraft des Heiligen Geistes,
damit wir heute weiterführen,
was Jesus damals gelebt hat.
Öffne unsere Augen, damit wir erkennen,
wem wir Dank schulden.
Öffne unsere Ohren, damit wir hinhören
auf die Sorgen und Nöte der Menschen neben uns.
Öffne unsere Herzen, damit sie weit werden
für jene, die Heimat suchen.

Wir bitten dich für alle,
die mit uns in der Nachfolge Jesu unterwegs sind.
Gib, daß wir einander auf diesem Weg stützen,
damit niemand allein bleibe.
Laß uns mit allen Christen
und mit allen Menschen guten Willens
Zeichen der Hoffnung und des Friedens sein in dieser Welt.
Erfülle mit deinem Geist jene,
die eine besondere Verantwortung in der Kirche tragen.
Wir bitten für den Bischof von Rom ... und unseren Bischof ... .

Erbarme dich derer, die uns nahegestanden sind
und die der Tod uns entrissen hat
und vergiß die nicht, um die niemand mehr trauert.

Durch Christus und mit ihm und in ihm
dürfen wir dich loben und preisen
in der Gemeinschaft des Heiligen Geistes
heute und bis ans Ende unserer Tage.
Amen.

Maria

Präfation

Ja, wir haben allen Grund,
dich, Gott, zu preisen
und zusammen mit Maria zu loben:
Du erbarmst dich aller, die sich an dich wenden,
und richtest die Erniedrigten auf.
Die Hungernden erfüllst du mit Gütern
und machst wahr,
was du Abraham und Sara,
Isaak und Rebekka,
Jakob, Rachel und Lea verheißen hast.
Daher stimmen wir vereint mit der ganzen Schöpfung
in das Loblied der Engel ein:

Sanctus

Immer und immer wieder
wollen wir uns die Geschichte erzählen
von dir, unserem Gott.
Du hast uns und unsere Welt geschaffen,
uns kunstvoll und mit Liebe gestaltet.
Du hast uns gesegnet und uns verheißen,
die leidende Schöpfung zu heilen.
An Jesus, deinem Sohn und unserem Bruder,
ist sichtbar geworden,
wie ernst du es mit unserer Körperlichkeit meinst.
Er wurde Mensch wie wir.

Seiner gedenken wir, wenn wir jetzt beten:
Sende ✠ deinen Heiligen Geist auf uns alle,
damit wir im Teilen dieses Brot
und dieses Weines
Gottes Gemeinschaft erfahren.

Denn in der Nacht, in der Jesus verraten wurde
und sich aus freiem Willen dem Leiden unterwarf,
nahm er das Brot, sagte dir Dank,
und reichte es den Seinen mit den Worten:

Nehmet und esset alle davon,
das ist mein Leib, der für euch hingegeben wird.

Ebenso nahm er nach dem Mahle den Kelch,
dankte wiederum und reichte ihn den Seinen und sprach:

Nehmet und trinket alle daraus:
Das ist der Kelch des immerwährenden Bundes,
mein Blut, das für euch und für alle vergossen wird
zur Vergebung der Sünden.
Tut dies zu meinem Gedächtnis.

Dankbar wollen wir uns Jesu erinnern.
Die Augen des Blinden bestrich er mit Speichel und Lehm,
dem Lahmen reichte er die Hand,
Aussätzige schloß er in seine Arme.
Mit Hungernden teilte er sein Brot.

Weil er ganz aus dir, Gott, lebte,
fürchtete er sich nicht vor den Mächtigen.
Sie aber fürchteten die Macht des Ohnmächtigen
und kreuzigten ihn.
Und du, Gott, hast ihn auferweckt,
hast seinen geschundenen Körper heil gemacht
und uns damit gezeigt:
Nie werden vor dir die Menschen bestehen können,
die den Körper der anderen mißachten.

Guter Gott, wir preisen dich mit Maria:
An ihr hast du wahr gemacht,
was du auch uns verheißen:
Ganz und ungeteilt hast du sie bei dir aufgenommen.
Laß uns wie sie
stets offen sein für dich
und dir allein dienen,
damit alle leben können.

Wir gedenken all der Menschen,
die wir geliebt haben und die gestorben sind,
auch all jener, die geschunden und gefoltert werden:
Sei du mit ihnen
und nimm sie auf in deine Herrlichkeit.

Zusammen mit der Gottesmutter Maria
und allen Heiligen loben und preisen wir dich,
denn durch Christus und mit ihm und in ihm
wird dir, guter Gott,
in der Einheit des Heiligen Geistes,
alle Herrlichkeit und Ehre, jetzt und in Ewigkeit.
Amen.

Vater unser

Friedensgruß

Maria singt das Loblied der Frauen ihres Volkes:
Gottes Liebe gilt den Kleinen und Verachteten,
den Rechtlosen und den Armen.
Auch wir wollen einstimmen in dieses Lied,
damit Friede werde.
Den Frieden, den wir von Gott erbitten,
wenn wir uns gegenseitig den Frieden wünschen.
Der Friede des Herrn sei allezeit mit euch.

Teilen

Präfation

Gott, wir danken für dieses Brot,
Frucht der Erde und der menschlichen Arbeit.
Es ist Zeichen für das Lebensnot-wendende,
das wir alle zum Überleben brauchen.
Wir danken
für die vielen Frauen und Männer auf der ganzen Welt,
die den Ruf der Notleidenden hören,
und uns daran erinnern,
daß das Leben für alle möglich wird und gelingen kann,
wenn wir die Früchte dieser Erde
und der menschlichen Arbeit gerecht miteinander teilen.
Mit ihnen und den Schwestern und Brüdern in der ganzen Welt,
die ihr Vertrauen auf eine menschliche Welt
der Gerechtigkeit und der Solidarität,
des Friedens und des Lebens in Fülle setzen,
danken wir dir und loben dich:

Sanctus

Wie viele vor ihnen
haben sich Jesus von Nazaret, seine Jüngerinnen und Freunde
für die Armen und Benachteiligten eingesetzt.
Sie haben an eine Welt geglaubt,
in der es nicht mehr oben und unten,
reich und arm geben wird.

Deshalb haben sie sich auch mit allen an einen Tisch gesetzt
und den Frauen und Männern,
die als Sünder und Sünderinnen ausgegrenzt wurden,
den Zöllnern, den Hungrigen,
den Kranken und den Gesundgewordenen
Brot gegeben und Tischgemeinschaft ermöglicht,
damit sie leben können.

Wir bitten dich um deinen Geist,
damit im Teilen von Brot (und Wein)
Jesu Nähe und Solidarität unter uns ✠ gegenwärtig wird.

Am Abend vor seiner Ermordung
nahm Jesus einmal mehr das Brot,
brach es, gab es denen, die mit ihm zu Tische lagen,
und sprach zu ihnen:
So wie ich mit euch und für euch gelebt habe,
bin ich zum Lebensnot wendenden Brot geworden.

Nehmt und eßt alle von diesem Brot.
Das ist mein Leib, mein ganzes Leben,
gelebt mit euch und für euch.

Ebenso nahm er nach dem Essen
den Becher mit Wein und sagte zu ihnen:
Mit ganzem Herzen und aller Kraft
habe ich mich dafür eingesetzt,
daß allen ein Leben in Fülle möglich wird.

Nehmt und trinkt alle aus diesem Becher
als Zeichen des immerwährenden Bundes
zwischen dem lebenliebenden Gott und euch.
Und tut dies weiterhin zu meinem Gedächtnis.

Jesus hat alle dazu eingeladen,
dies weiterhin miteinander zu tun,
das Brot und das Lebensnotwendige miteinander zu teilen,
damit die Lebensnot sich wende.

Wenn wir hier Brot (und Wein)
miteinander teilen, führen wir weiter,
was Jesus an befreiender und heilender Tradition
übernommen und bekräftigt hat.
Laßt uns in diesem Teilen von Brot
den Mut und die Kraft finden,
Trauernde zu trösten, Gekrümmte aufzurichten,
Mutlosen beizustehen, für Gerechtigkeit einzutreten
und unsere Hoffnung auf ein Leben in Fülle zu setzen.

Laßt uns in diesem Teilen erahnen,
was das Reich Gottes,
das Reich der Gerechtigkeit und der Liebe, sein kann.

Durch Jesus und mit allen,
die auf Gerechtigkeit und ein Leben in Fülle hoffen,
preisen wir dich, Gott des Lebens,
damit sich dein Heil durch uns in der Welt ausbreite
und bis ans Ende der Zeiten nie aufhöre.
Amen.

Weggemeinschaft

Präfation

Wir danken dir, guter Gott,
für die Menschen, die mit uns auf dem Weg sind
und uns zur Seite stehen.
In der Weggemeinschaft mit ihnen
erfahren wir etwas von jener Fülle des Lebens,
auf die hin du uns geschaffen hast.
Ganz besonders danken wir für Jesus,
deinen Sohn und unseren Bruder.
Durch sein Handeln und Reden
hat er uns heilend und befreiend
einen Weg zu erfülltem Leben gewiesen.
Wir danken dir für ihn, an dem wir uns orientieren können
und der uns ermutigt, einander in seinem Geist zu begegnen,
und so auf dich zuzugehen.
Dankbar bekennen wir:

Sanctus

Treuer Gott, unser Leben ist wie ein Weg,
von dem wir nicht wissen, wohin er uns führt.
Wir sind zwar mit vielen unterwegs
und doch oft einsam und verlassen.
Immer wieder halten wir Ausschau nach Menschen,
die mit uns gehen und uns treu bleiben.
Manchmal möchten wir neue Wege gehen
und ausbrechen aus starren Gewohnheiten,
um frei zu werden und uns selbst zu finden.
Wir möchten aufbrechen zu unbekannten Ufern
und uns aufmachen zu fernen Horizonten.

Von einem von uns, von Jesus aus Nazaret,
wird berichtet, daß er ausbrach
aus dem Gefängnis erstarrter Frömmigkeit
und aus der Enge gesellschaftlicher Tabus.
Er kam in deinem Namen und machte sich auf den Weg,
Armen die frohe Botschaft zu verkünden,
Gebeugte aufzurichten, Gefangene zu befreien,
Kranke zu heilen, Blinden die Augen zu öffnen
und Schuldigen zu verzeihen.
Er ging neue Wege und lud ein, ihm zu folgen,
damit wir den Weg zu dir, unserem Gott finden.
Wir glauben, daß du mit uns bist,
besonders dann, wenn wir selbst trennende Grenzen überwinden,
Wege zueinander finden und uns so auf den Weg
der Nachfolge Jesu, unseres Bruders, machen.

In seinem Namen und Auftrag sind wir vor dir versammelt,
um in Erinnerung an ihn das Brot zu brechen
(und den Wein auszuteilen).
Wir bitten dich um deinen Geist,
damit im Teilen des Brotes
(im Teilen von Brot und Wein)
Jesus Christus unter uns ✠ gegenwärtig wird.

Es war in der Nacht vor seinem Leiden.
Im Angesichte des Todes kam Jesus mit den Seinen zusammen,
um von ihnen Abschied zu nehmen.
In jener Nacht nahm er während des Essens
Brot in seine Hände, dankte dafür, brach es
und reichte es den Seinen mit den Worten:

Nehmet und esset alle davon.
Das ist mein Leib, der für euch hingegeben wird.

Ebenso nahm er in jener Nacht
nach dem Essen den Becher mit Wein,
dankte wiederum und reichte ihn den Seinen mit den Worten:

Nehmet und trinket alle daraus.
Das ist der Becher
des immerwährenden Bundes, mein Blut,
das für euch und für alle vergossen wird
zur Vergebung der Sünden.
Tut dies zu meinem Gedächtnis.

Guter Gott, wir erinnern uns daran,
daß Jesus ausgefahrene Gleise verließ
und neue Wege ging,
daß er ausbrach und deshalb umgebracht wurde.
Mit seinem Tod ging er selbst aber nicht verloren
und wurde sein Geist nicht ausgelöscht.
Seine Jüngerinnen und Jünger bekannten,
daß du ihm treu geblieben bist durch alles Scheitern hindurch
und seinen Weg bestätigt hast.

Wir bitten um die Kraft des Heiligen Geistes,
ihm auf seinem Weg zu folgen in der Hoffnung,
so zum Sinn des Lebens zu finden.
Laß uns nicht aneinander vorbei-,
sondern aufeinander zugehen.
Sprenge die Enge unserer Wünsche
und brich auf die Grenzen unserer Hoffnungen,
damit wir Wege zueinander finden und niemand vereinsamt.

Erfülle mit diesem Geist auch jene,
die eine besondere Verantwortung in der Kirche tragen.
Wir bitten für den Bischof von Rom ... und unseren Bischof ... .

Gedenke all der Menschen,
die mit uns waren auf dem Weg des Lebens
und die der Tod uns entrissen hat
und vergiß die nicht, um die niemand mehr trauert.
Wenn unser eigener Weg zu Ende geht,
schenke uns für immer das Leben in Fülle
zusammen mit Maria, der Mutter Jesu,
mit den Aposteln und Blutzeugen,
mit dem/der Heiligen ... und allen Heiligen und Gläubigen.

Durch Christus und mit ihm und in ihm
dürfen wir dich, guter Gott, loben und preisen
in der Kraft des Heiligen Geistes
jetzt und an allen Tagen unseres Lebens.
Amen.

Gemeinde

Präfation

Wir danken dir, guter Gott.
Du hast dich uns zugewandt in Jesus,
deinem Sohn und unserem Bruder.
In ihm erkennen wir, wer du für uns sein willst.
Du bist befreiend da für die Armen und Bedrängten
und bist jenen nahe, die auf deren Seite stehen.
Wir danken dir für Jesus,
der gelebt hat, was ein Mensch sein könnte.
Ihm dürfen wir nachfolgen und so zu seiner Gemeinde werden,
dankbar, nicht allein auf dem Weg
unseres Lebens und Glaubens zu sein.
Das gibt uns Mut und läßt uns bekennen:

Sanctus

Guter Gott, du bist mit uns unterwegs,
wenn wir uns im Glauben an deine Treue
auf den Weg der Nachfolge Jesu machen
und als seine Gemeinde vor dir versammelt sind.

Im Namen und Auftrag Jesu sind wir hier,
um in Erinnerung an ihn das Brot zu brechen
(und den Wein auszuteilen).
Wir bitten dich um deinen Geist,
damit im Teilen des Brotes
(im Teilen von Brot und Wein)
Jesus Christus unter uns ✠ gegenwärtig wird.

Es war in der Nacht vor seinem Leiden.
Im Angesichte des Todes kam Jesus mit den Seinen zusammen,
um von ihnen Abschied zu nehmen
und ihnen sein Vermächtnis zu hinterlassen.
In jener Nacht nahm er während des Essens
Brot in seine Hände, dankte dafür,
brach es und reichte es den Seinen mit den Worten:

Nehmet und esset alle davon.
Das ist mein Leib, der für euch hingegeben wird.

Ebenso nahm er in jener Nacht
nach dem Essen den Becher mit Wein,
dankte wiederum und reichte ihn den Seinen mit den Worten:

Nehmet und trinket alle daraus.
Das ist der Becher
des immerwährenden Bundes, mein Blut,
das für euch und für alle vergossen wird
zur Vergebung der Sünden.
Tut dies zu meinem Gedächtnis.

Guter Gott, Jesus hat uns aufgezeigt,
woran wir uns halten sollen,
um zur Gemeinde in seinem Geist zu werden:
Er pries die Armen selig
und redete den Reichen ins Gewissen;
er ging auf die ausgegrenzten Kranken
und die geächteten Sünder zu;
er begegnete den gering geschätzten
Frauen und Kindern mit Achtung
und hielt Tischgemeinschaft
mit jenen unten und am Rand der Gesellschaft.
Deswegen wurde er als Fresser und Weinsäufer,
als Freund der Zöllner und Sünder beschimpft
und von seinen Verwandten für verrückt erklärt.
Weil er trennende Grenzen überwand,
trachteten ihm die Frommen und Mächtigen
nach dem Leben, da sie auf den Grenzen beharrten,
die die Armen von den Reichen,
die Schwachen von den Mächtigen,
die Kranken von den Gesunden
und die Sünder von den Frommen schieden.

Wir erinnern uns daran,
daß Jesus mit dem Tod am Kreuz nicht verloren ging
und sein Geist nicht ausgelöscht wurde.
Seine Jüngerinnen und Jünger bezeugten,
daß das Leben stärker ist als der Tod
und führten als seine Gemeinde weiter,
womit er heilend und befreiend begonnen hatte.

Wir bitten um die Kraft des Heiligen Geistes.
Gib, daß wir als Gemeinde Jesu Christi den Mut haben,
trennende Grenzen zu überwinden,
damit niemand mehr ausgegrenzt oder gering geachtet wird.
Laß uns solidarisch sein
mit den Armen und Bedrängten heute bei uns.
Laß uns Raum geben jenen, die keine Heimat haben.
Laß uns eine offene Gemeinde sein,
in der Herrschaft keinen Platz hat.
Gib, daß wir uns einsetzen
für eine geschwisterliche Kirche und Gesellschaft.
Erfülle mit deinem Geist,
die im Glauben an Jesus Christus mit uns unterwegs sind.
Stärke jene, die in der Kirche eine besondere Verantwortung tragen.
Wir bitten für den Bischof von Rom ... und unseren Bischof ... .

Guter Gott, gedenke all der Menschen,
die uns nahegestanden sind und die der Tod uns entrissen hat
und vergiß die nicht, um die niemand mehr trauert.

Laß uns in Gemeinschaft mit Maria, der Mutter Jesu,
mit den Aposteln und Blutzeugen,
mit dem/der Heiligen ... und mit allen Heiligen und Gläubigen
dich loben und preisen durch Jesus,
deinen Sohn und unseren Bruder.

Durch ihn und mit ihm und in ihm ist dir, guter Gott,
in der Einheit des Heiligen Geistes
Lob und Preis jetzt und für alle Zeit.
Amen.

Befreiung

Präfation

Es ist gut und richtig,
dir immer wieder zu danken, Gott,
für alles, was uns an Gutem geschieht,
für jede Befreiung,
die wir erfahren dürfen,
wenn wir nicht Angst haben müssen voreinander
und vor dem, was um uns herum geschieht,
wenn wir unsere Kräfte
nicht gegen uns selbst richten,
sondern zum Heil und Glück aller brauchen.
Da fängt dein Reich an,
da wird auch heute wirklich,
wofür Jesus eingestanden ist.
Dafür danken wir dir
und loben dich zusammen mit allen,
die an Jesus glauben,
und singen dir ein frohes Lied:

Sanctus

Wir danken dir für unseren Glauben an dich,
den Gott Jesu Christi.
Dieser Glaube gibt uns Hoffnung und Kraft,
zerstörerischen Mächten in uns
und um uns zu widerstehen,
denn du willst erfülltes Leben für alle,
zuerst für jene, die verzweifelt sind
oder unter unerträglichen Bedingungen leben müssen.
Dafür ist Jesus, dein Sohn, am Kreuz gestorben.

Kurz vor seiner Hinrichtung feierte er noch einmal
mit seinen Freunden ein besonderes Mahl,
so wie wir es jetzt in seinem Namen und Auftrag wieder tun.

Wir sind vor dir versammelt,
um in Erinnerung an ihn
das Brot zu brechen
(und den Wein auszuteilen).

Wir bitten dich, guter Gott,
sende deinen Geist,
damit im Teilen des Brotes
(im Teilen von Brot und Wein)
Jesus Christus unter uns ✠ gegenwärtig wird.

In jener Nacht nahm Jesus während des Essens
Brot in seine Hände, dankte dafür, brach es
und reichte es den Seinen mit den Worten:

Nehmet und esset alle davon.
Das ist mein Leib, der für euch hingegeben wird.

Ebenso nahm er in jener Nacht
nach dem Essen den Becher mit Wein,
dankte wiederum und reichte ihn den Seinen mit den Worten:

Nehmet und trinket alle daraus.
Das ist der Becher
des immerwährenden Bundes, mein Blut,
das für euch und für alle vergossen wird
zur Vergebung der Sünden.
Tut dies zu meinem Gedächtnis.

Ja, Gott, dein Wille zum Leben endet nicht im Tod.
Du hast Jesus auferweckt,
und wir feiern hier unsere Hoffnung,
daß du stärker bist als alles,
was uns zerstören und von dir trennen kann.

Wir bitten dich für unsere Kirche,
für alle, die darin einen Dienst ausüben,
für alle, die sich ihr zugehörig wissen,
daß sie den Anbruch deines Reiches
in ihrem Tun und Reden glaubwürdig bezeugen.
Wir bitten für den Bischof von Rom ... und unseren Bischof ... .

Wir bitten dich für unsere Verstorbenen.
Besonders bitten wir für jene,
die am Leben zerbrochen
oder sonst durch Gewalt umgekommen sind.
Laß sie zusammen mit allen,
die uns nahegestanden sind
und die der Tod uns entrissen hat,
in dir Leben und Freiheit finden.
Sei denen nahe, um die niemand mehr trauert.

So hoffen auch wir,
daß unser Glaube uns trägt,
ermutigt und immer neu befreit,
bis du uns Erfüllung in deinem Reich schenkst
zusammen mit Maria, der Mutter Jesu,
den Aposteln und Blutzeugen,
dem/der Heiligen ... und allen Heiligen und Gläubigen.

Darum bitten wir durch Jesus Christus,
der befreiende Zeichen des Heils
an den Armen und Bedrängten gewirkt hat.

Durch ihn und mit ihm und in ihm
ist dir guter Gott,
in der Einheit des Heiligen Geistes
Lob und Preis
für Zeit und Ewigkeit.
Amen.

Frauen und Männer

Präfation

Gott, wir danken dir und loben dich.
Du hast uns nach deinem Bild
als Mann und Frau geschaffen
und uns die Welt anvertraut, um sie für Menschen,
Tiere und Pflanzen bewohnbar zu machen.
In Jesus von Nazaret
und vielen Frauen und Männern vor ihm und nach ihm
hast du uns ein Beispiel gegeben:
Mit ihrem Einsatz für Gerechtigkeit,
mit ihrem Einstehen für Menschen,
die an den Rand gedrängt werden,
für Frauen und Kinder,
für Kranke und Ausgebeutete,
begann eine zutiefst menschliche
und darum göttliche Welt zu wachsen.
Von den Großen der Welt unbeachtet oder verfolgt,
trauten Frauen und Männer immer wieder ihren Hoffnungen
in diese kleinen Anfänge.
Mit ihnen und den Schwestern und Brüdern in der ganzen Welt,
die ihr Vertrauen auf eine menschlich-göttliche Welt
der Gerechtigkeit, der Solidarität,
des Friedens und des Lebens in Fülle setzen,
danken wir dir und loben dich:

Sanctus

Jesus lebte und handelte im Glauben
an dich, den einen Gott,
und bekräftigte das Menschsein und die Würde von allen:
In deinem Namen sollen Frauen,
von langer Tradition gedrückt und gekrümmt,
aufrecht gehen.
In deinem Namen
sollen Ausgebeutete Gerechtigkeit erfahren
und Kranke Heilung.

Viele ließen sich auf diese Art zu leben ein.
Aber die Mächtigen reagierten verärgert,
weil ihre Götzen entthront wurden
und die Grundlagen ihrer Macht ins Wanken gerieten.

Trotz der Drohungen von Herrschenden
blieb Jesus seiner Art zu leben treu.
Damit auch wir stark werden im Leben und Glauben
und seine Botschaft nicht vergessen,
gab er den befreundeten Frauen und Männern den Auftrag,
in Erinnerung an ihn zusammenzukommen,
Brot und Wein miteinander zu teilen,
und so das Anbrechen des Reiches Gottes
miteinander zu feiern,
einander in der Hoffnung und im Handeln daraufhin zu stützen
und es weiterzutragen.

Wir bitten dich um deinen Geist,
damit im Teilen von Brot und Wein
Jesus unter uns ✠ gegenwärtig wird.

Wie schon manches Mal vorher
nahm Jesus in der Nacht vor seiner Ermordung
während des Essens Brot in seine Hände,
dankte dafür, brach es,
reichte es seinen Jüngerinnen und Jüngern und sprach:

Nehmet und esset alle davon.
Das ist mein Leib,
mein Leben, gelebt mit euch und für euch.

Ebenso nahm er in jener Nacht
nach dem Essen den Becher mit Wein,
dankte wiederum und reichte ihn
seinen Jüngerinnen und Jüngern mit den Worten:

Nehmet und trinket alle aus diesem Becher
als Zeichen des immerwährenden Bundes
zwischen dem lebenliebenden Gott und euch.
Und tut dies weiterhin zu meinem Gedächtnis.

Verschiedene Frauen und Männer
haben im Laufe der Geschichte mit ihrem Leben
ein Stück Reich Gottes erfahrbar gemacht.
Es sind Anfänge und Aufbrüche,
die in unsere Hände gelegt
und immer wieder bedroht sind.

Deshalb erinnern wir uns an Maria Magdalena
und an die anderen Frauen, die Jesus nachfolgten,
und denen man keinen Glauben schenkte,
als sie die Auferstehung verkündeten:
Wir bitten um die Kraft ihres Glaubens
angesichts von Zweifel und Mißtrauen.

Wir gedenken aller namenlosen Frauen und Männer,
die gestern und heute ihre Hoffnung
und ihr Leben auf das Reich Gottes setzen,
wenn sie sich gegen Unrecht wehren,
wenn sie krumm und krank machende Verhältnisse kritisieren,
wenn sie Fremden eine Lebensmöglichkeit
in unserem Land geben wollen:
Wir bitten um ihre klare Sicht
und den Mut zum öffentlichen Sprechen.

Öffne unsere Augen für die Not in der Welt
und laß dies Brot, das wir füreinander brechen,
uns Zeichen und Mahnung sein,
in jedem Menschen die Schwester und den Bruder zu sehen.

Durch Jesus und mit allen,
die auf Gerechtigkeit und Leben in Fülle hoffen,
preisen wir dich, Gott des Lebens,
damit dein Heil in der Welt sich ausbreite
und bis ans Ende der Zeiten nie aufhöre.
Amen.

Beziehung

Präfation

Gott, drei-einig in Beziehung und Gespräch,
wir haben dir zu danken:
Aus Verlangen nach Beziehung hast du die Welt erschaffen:
Du willst uns Menschen verbindlich auf dich
und aufeinander bezogen und siehst uns als dein Abbild,
vor allem dann, wenn wir – als Mann und Frau –
die Herausforderung des Lebens annehmen
und es gemeinsam gestalten.
Dein Verlangen nach Beziehung ist konkrete Geschichte geworden
in vielen Völkern, für uns besonders erfahrbar in Israel,
mit dem du aus der Knechtschaft in die Wüste ausgezogen bist
und für die Zukunft einen bleibenden Bund geschlossen hast.
Bei Jesus hat dein Beziehungswille
ein deutliches Menschengesicht gezeigt:
Er versammelte Frauen und Männer um sich
und knüpfte mit ihnen ein großes Beziehungsnetz
aus Gerechtigkeit und Liebe.
Davon zu wissen und es in dieser Feierstunde zu erfahren
macht uns dankbar und bringt uns zum Singen:

Sanctus

Gott der Beziehung!
In deinem Namen und Willen sind wir jetzt versammelt,
um Gemeinschaft und Beziehung zu erleben und zu vertiefen.
Jesus, dein Sohn und unser Bruder,
hat uns dazu ein einfaches Zeichen geschenkt:
Brot und Wein sollen wir teilen.

So bitten wir dich um deinen Geist:
Er schaffe ✠ durch dieses Brot und diesen Wein
Beziehung mit dir und unter uns!

Wir erinnern uns an jenen Abend,
da Jesus mit den Seinen die letzte Tischgemeinschaft hielt.
Es war ein Abend voller Unsicherheit und Angst:
Der gewaltsame Tod warf seine Schatten voraus,
das Beziehungsnetz drohte zu zerreißen.

Da nahm Jesus ein Brot in die Hand,
sprach das Segenswort,
brach es und reichte es weiter mit den Worten:

Nehmt und eßt.
In diesem gebrochenen Brot –
mein Leib und Leben für euch!

Dann machte er das Zeichen noch deutlicher,
hob einen Kelch mit Wein,
wiederholte das Segenswort,
reichte ihn in die Runde und sprach:

Nehmt und trinkt:
In diesem geteilten Kelch –
mein Blut und Leben für alle –
immerwährender Bund –
erlassene Schuld!
Tut dies immer wieder
mir zum Gedächtnis!

Jesu Tod und Auferstehung bezeugen wir,
solange es Menschen gibt,
die von tragenden Beziehungen ausgegrenzt sind,
solange dein Reich noch aussteht.

Gott der Beziehung!
Wenn wir uns jetzt an Jesus erinnern,
kommt uns ein Mensch vor Augen, der sich ausschließlich
für eine heile und frohmachende Beziehung
zu dir und zueinander einsetzte:
Gegen den Willen seiner Jünger
ließ er Kinder zu sich kommen,
liebkoste und segnete sie;
er stellte sich schützend vor die ausgestoßene Frau,
die beim Ehebruch ertappt worden war
und die heuchlerische Männer zu steinigen vorhatten;
er heilte Kranke und Aussätzige und ermöglichte ihnen so
die Rückkehr in Gemeinschaft und Beziehung.

Er hat sich verbindlich
für eine sorgfältige Beziehung
zwischen Mann und Frau eingesetzt:
Die Ehe dürfe durch nichts gefährdet werden,
weder durch Herzenshärte noch durch oberflächliche Spielerei.
Und ebenso legte er Wert
auf eine stimmige Beziehung in Gemeinschaft:
Im Kreis seiner Jüngerinnen und Jünger
ließ er keine Herren und Knechte gelten,
vielmehr soll – wer an erster Stelle stehen will –
zum Dienst an allen bereit sein.

Wie ernst es Jesus war
in seiner Sorge um gerechte und liebevolle Beziehungen,
wurde vollends deutlich, als er in letzter Konsequenz
die Todesgefahr – das Kreuz – auf sich nahm.
Was von seinen Henkern als Vernichtung geplant war,
wurde zu einem grundlegenden Neuanfang:
Du hast ihn in eine endgültige Lebensbeziehung vorausgeholt:
Der Auferstandene und sein «Leben in Fülle»
verbürgen uns Zukunft und Hoffnung.

Gott der Beziehung!
Als dein Volk, die Kirche, bitten wir:
Laß unsere Beziehungen zu dir und zueinander gelingen!
Sie sollen glaubwürdig sein
zwischen den Verantwortlichen und dem Kirchenvolk,
gerecht zwischen Nord und Süd,
zwischen Gesellschaft und Einzelnen,
liebevoll zwischen Mann und Frau
in Ehe und Familie und Freundschaft.

Wir bitten auch:
Laß unsere Verstorbenen
in deinem gnädigen Beziehungsnetz geborgen sein!
So bitten wir dich
durch ihn und mit ihm und in ihm,
Jesus, der dein Sohn und unser Bruder ist.
Amen.

Erinnerung

Präfation

Gott, du bist das liebevolle Gedächtnis,
das niemanden und nichts verloren gibt.
Wir möchten dir danken:
Du bleibst deiner Schöpfung verbunden
und hast ihr zugesagt, daß nie aufhören sollen
«Aussaat und Ernte, Kälte und Hitze,
Sommer und Winter, Tag und Nacht.»
Als Zeichen für alle Welt hast du dir ein Volk erwählt,
das bis auf den heutigen Tag aus der Erinnerung an dich lebt
und dessen Hoffnung auf «Schalom» – auf dein Reich –
wir teilen dürfen.
Wir danken dir für Jesus,
in dem du uns unvergeßlich geworden bist:
Er erinnert uns daran,
daß du für alle Menschen gesundes und freies Leben willst,
daß gewaltsamer und zu früher Tod dir zutiefst widerspricht,
daß wir gegen Tod und Fluch das Leben wählen sollen,
«Leben in Fülle», das du selber bist.
Diese Erinnerung macht uns dankbar
und läßt uns mit Freude singen:

Sanctus

Gott des Lebens!
In deinem Namen sind wir jetzt versammelt,
um uns gegen den Tod an das Leben zu erinnern.
Das fällt uns schwer,
weil weltweit die Todesmächte ihr erfolgreiches Geschäft treiben.
Wir fühlen uns hilflos vor dem allzu vielen Leben,
das sich nicht entfalten konnte,
das schändlich gemordet wurde
und das ins Vergessen abgeschoben werden soll.

Darum sind wir froh, daß Jesus uns ein Zeichen hinterlassen hat,
das uns ermutigt, an das Leben zu glauben:
Brot und Wein sollen wir teilen.
Wir bitten: Sende ✠ deinen Geist,
daß wir durch dieses Brot und diesen Wein
dein Leben gegenwärtig erfahren!

So erinnern wir uns an jenen letzten Abend,
als Jesus mit den Seinen zu Tische lag.
Die Stimmung war gedrückt,
der gewaltsame Tod Jesu warf seine Schatten voraus.

Da nahm Jesus ein Brot in die Hand, sprach das Segenswort,
brach es und reichte es weiter mit den Worten:

Dieses gebrochene Brot –
mein Leib, mein Leben für euch!
Tut dies zu meinem Gedächtnis!

Dann machte er das Zeichen noch deutlicher,
hob einen Becher mit Wein, sprach wieder das Segenswort,
gab ihn in die Runde und sagte:

Nehmt und trinkt!
Mein Blut für euch und für alle –
der immerwährende Bund
zwischen Gott und euch –
Vergebung aller Schuld –
tut dies immer wieder mir zum Gedächtnis!

Deinen Tod und Dein Leben als Auferstandener bezeugen wir,
solange der falsche Tod das Sagen hat
und deine Zukunft noch aussteht.

Gott des Lebens!
Wenn wir uns an Jesus erinnern, kommt uns ein Mensch vor Augen,
der sich konsequent gegen den Tod und für das Leben einsetzte:
Das ungelebte Leben des zwölfjährigen Mädchens,
das im Haus des Jairus betrauert wurde,
überließ Jesus nicht dem Tod,
sondern schenkte es allen geheilt zurück.

In seiner großen Predigt
und seinen befreienden Geschichten
machte er Mut für geglücktes Leben:
Gewaltlos müsse es daherkommen
und könne nie auf Kosten von andern gehen.
Ein verlorenes Schaf sei wichtiger
als 99, die geschützt in der Herde bleiben.
Dem Augenschein von wachsendem Unkraut dürfe entgegengehofft
und ein Freudenmahl für alle erwartet werden.

Im Kampf um das Leben unterlag er:
Die Todesmächte, Gesetzesglauben und politisches Kalkül,
schlugen grausam zu.
Das Kreuz, das er mit vielen Zeitgenossen und Zeitgenossinnen teilte,
ließ bei den Seinen alle Hoffnung sterben.
Doch du hast die Verzweifelten,
aber auch die Triumphierenden, ins Unrecht versetzt:
Du ließest ihn in dein neues Leben auferstehen.

Das macht uns, deine Kirche, hoffnungsvoll und zuversichtlich.
Wir möchten es weitersagen, daß du liebevolles Gedächtnis bist.
Wir möchten andere so an dich erinnern,
daß ihnen Freude am gemeinsamen Leben erwächst
und daß der falsche Tod nie unwidersprochen wirken kann.
Laß das uns gelingen,
zusammen mit den Männern und Frauen,
die in deiner Kirche besondere Verantwortung tragen.

So bitten wir dich
durch ihn und mit ihm und in ihm –
Jesus, der dein Sohn und unser Bruder ist.
Amen.

Erzählgemeinschaft

Präfation

Gott, du bist ein Gott der Geschichte und Geschichten.
Wer von dir reden will,
muß Erfahrungen mit dir erzählen können.
Dem dogmatisch-abstrakten Zugriff
und seiner Gefahr von Rechthaberei und Spaltung
entziehst du dich.
Wir danken dir für dein konkretes Gesicht:
Über Jahrmillionen hin zeigst du es als deine Schöpfung,
seit Jahrtausenden den Menschen, die dich suchen.
Du hast es – immer wieder neu – jenem Volk gezeigt,
das deine Verheißung hören durfte:
Ich bin, der und die ich bin dabei.
Bei Jesus von Nazaret hast du es
besonders klar aufscheinen lassen –
als Glanz der Güte für die Kleinen,
als Licht der Gerechtigkeit für die Ausgegrenzten.
Wir danken dir, daß auch wir davon gehört und gesehen haben,
daß wir zur Gemeinschaft gehören,
die das weitererzählen darf –
im überschaubaren Kreis unseres kleinen Lebens nicht anders
als im Horizont des in eine erste,
zweite und dritte Welt zerteilten Planeten.
Verbunden mit allen,
die diese deine Erzählgemeinschaft ausmachen,
anerkennen wir deine Macht und Ohnmacht,
freuen wir uns an deiner Stärke und Zärtlichkeit und singen:

Sanctus

Gott des Lebens!
In deinem Namen sind wir jetzt zusammen,
um uns an Jesus zu erinnern.
Zu seinem Gedächtnis hat er ein ermutigendes Zeichen hinterlassen:
Brot und Wein sollen wir teilen.
Wir bitten:
Sende ✠ deinen Geist, daß wir im Teilen des Brotes
und gemeinsamen Trinken des Weines
dich gegenwärtig erfahren!

So erinnern wir uns an jenen letzten Abend,
als Jesus mit den Seinen zu Tische lag.
Die Stimmung war gedrückt,
der gewaltsame Tod Jesu warf seine Schatten voraus.
Da nahm Jesus ein Brot in die Hand,
sprach das Segenswort,
brach es und reichte es weiter mit den Worten:

Dieses gebrochene Brot –
mein Leib, mein Leben für euch!
Tut dies zu meinem Gedächtnis!

Dann machte er das Zeichen noch deutlicher,
hob einen Becher mit Wein,
sprach wieder das Segenswort,
gab ihn in die Runde und sagte:

Nehmt und trinkt!
immerwährender Bund zwischen Gott und euch –
mein Lebensblut –
tut dies immer wieder mir zum Gedächtnis!

Von deinem Tod und deiner Auferstehung erzählen wir,
solange es Menschen gibt, die davon noch nichts wissen
oder es wieder vergessen haben,
bis deine Lebensfülle da ist – für alle.
Gott des Lebens!
Wenn wir uns an Jesus erinnern, wird uns bewußt,
daß er über dich ausschließlich
frohmachende Geschichten erzählte,
daß er seinen Jüngerinnen und Jüngern auftrug,
diese Geschichten gegen alle Lügengeschichten
bis an die Grenzen der Welt weiterzuerzählen.
Gegen die Lügengeschichten,
du seist ein unberechenbarer Tyrann,
erzählte er vom mütterlichen Vater,
der den verlebt-verlorenen Sohn umarmt,
von der besorgten Frau,
die ihr Haus von unten bis oben kehrt,
um das verlorene und lebenswichtige Geldstück zu finden.
Gegen die Lügengeschichte,
wir Menschen kämen nicht ohne Gewalt und Unterdrückung aus,
erzählte und lebte er die Geschichte vom rauschenden Fest,
zu dem alle – vor allem Krüppel, Blinde und Lahme –
eingeladen sind.
Gegen die Lügengeschichte,
auf dieser Welt verkehre sich alles notwendig zum Bösen,
erzählte er befreiende Geschichten:
Dem Augenschein von wucherndem Unkraut
dürfe entgegengehofft,
dem kleinsten Senfkorn
das Wachstum eines großen Baumes zugetraut,
für unsere gequälte Erde
Reich Gottes und Leben in Fülle erwartet werden.

Die Folter und der Tod am Kreuz
sollten ihn und seine Froh-Geschichten zum Verstummen bringen.
Doch du setztest Folter und Tod ins Unrecht
und ließest ihn in ein neues Leben,
in eine neue Gemeinschaft – die Kirche – auferstehen.
Seither können Jesu Leben und Geschichten
heilvoll weitererzählt und gelebt werden.

Das macht uns, diesen kleinen Kreis von Kirche,
mutig und zuversichtlich:
Laß gelingen, daß wir als Erzählgemeinschaft
glaubwürdig und hilfreich handeln –
verbunden mit unseren Verstorbenen,
zusammen mit den Männern und Frauen,
die in deiner Kirche besondere Verantwortung tragen.

So bitten wir dich
durch ihn und mit ihm und in ihm,
Jesus, der dein Sohn und unser Bruder ist.
Amen.

Welt gestalten

Präfation

Es ist gut und richtig,
dir, Gott,
immer wieder zu danken;
denn in Jesus hast du offenbart,
wer und wie du für uns bist,
ein menschen- und lebensfreundlicher Gott.
In ihm, Jesus Christus,
sind wir mehr als Frauen und Männer,
wir sind Schwestern und Brüder
über alle Grenzen hinweg.
Wir danken dir;
denn die frohe Botschaft ruft uns zur Umkehr
aus ungerechten und erniedrigenden Verhältnissen
zu Solidarität und Achtung voreinander.
Wir danken dir für das Leben,
das du uns geschenkt hast.
Darum freuen wir uns und singen:

Sanctus

Ja, heilig bist du, Gott.
Du gabst uns Frauen und Männern
Augen zum Sehen und Ohren zum Hören,
einen Mund zum Reden und Hände zum Handeln,
ein Herz zum Fühlen und einen Verstand zum Denken,
um gemeinsam diese Welt zu gestalten,
glaubend und hoffend aufgrund der Botschaft Jesu.

An Jesus denken wir jetzt,
wie er die Menschen,
unabhängig von Geschlecht, Herkunft und Stand,
aufrichtete und befreite von Not und Schuld.

Weil seine Art zu leben, zu heilen und zu reden
die politischen und religiösen Führer bedrohte,
trachteten sie ihm nach dem Leben.

Wir erinnern uns an das letzte Mahl
mit seinen Jüngerinnen und Jüngern
und bitten dich:
Sende deinen Geist auf diese Gaben,
damit im Teilen des Brotes
(im Teilen von Brot und Wein)
Jesus Christus unter uns ✠ gegenwärtig wird.

Es war in der Nacht vor seinem Leiden.
Im Angesichte des Todes kam Jesus mit den Seinen zusammen,
um von ihnen Abschied zu nehmen.
In jener Nacht nahm er während des Essens
Brot in seine Hände, dankte dafür, brach es
und reichte es den Seinen mit den Worten:

Nehmet und esset alle davon.
Das ist mein Leib, der für euch hingegeben wird.

Ebenso nahm er in jener Nacht
nach dem Essen den Becher mit Wein,
dankte wiederum und reichte ihn den Seinen mit den Worten:

Nehmet und trinket alle daraus.
Das ist der Becher
des immerwährenden Bundes, mein Blut,
das für euch und für alle vergossen wird
zur Vergebung der Schuld.
Tut dies zu meinem Gedächtnis.

Überzeugt davon, daß Jesus lebt,
feiern wir auch heute dieses Mahl
und verstehen das Teilen des Brotes
als Zeichen der Hoffnung und des Protestes
gegen alle Gewalt und Demütigung,
die Menschen krümmt.

Wir bitten dich für alle,
die in der Kirche eine besondere Verantwortung tragen.
Wir bitten für den Bischof von Rom ... und unseren Bischof ... .
Gib, daß die Gaben und Fähigkeiten
von Frauen und Männern geschätzt werden,
damit Menschen in deiner Gemeinde
Heimat, Sinn und Lebenskraft erfahren.

Gedenke der Verstorbenen
und vollende das Gute, das sie begonnen haben.
Erbarme dich der Opfer von Verbrechen, Hunger und Krieg,
deren Leid und Tod niemand verhindern konnte oder wollte.

Gib, guter Gott,
daß wir dir am Ende unserer Tage
trotz Enttäuschungen und Rückschlägen
ein aufrechtes und erfülltes Leben
zurückgeben können.

Darauf hoffen wir im Glauben an Jesus Christus.
Durch ihn und mit ihm und in ihm
ist dir, guter Gott,
in der Gemeinschaft des Heiligen Geistes
Lob und Preis
heute und für Zeit und Ewigkeit.
Amen.

Trauung

Präfation

Guter Gott, wir haben das Leben empfangen.
Was uns glücklich macht, wird uns geschenkt.
Dafür danken wir dir.
Wir glauben, daß alles Leben und alles Glück
in dir seinen Ursprung hat
und in dir seine Vollendung findet.
Wir danken dir für jene Menschen,
die uns Halt sind im Leben,
denen wir vertrauen dürfen
und auf die wir uns verlassen können.
Wir danken dir für alle Freundschaft und alle Liebe;
denn darin erfahren wir deine Nähe.
Ganz besonders danken wir dir für den Menschen,
der/die unser Leben bereichert,
da er/sie uns annimmt mit all unseren Stärken und Schwächen
und uns partnerschaftlich zur Seite steht.
Wir danken dir für Jesus, unseren Bruder,
an dem wir uns orientieren und messen können.
Dankbar bekennen wir:

Sanctus

Treuer Gott, wir können an deine Liebe glauben,
weil sie Jesus von Nazaret unter uns gelebt hat.
Er glaubte sich durch und durch gehalten von dir
und war gerade deshalb so frei für die Menschen.
Er machte sich in deinem Namen
zum Anwalt der Schwachen,
trat ein für die Getretenen
und befreite in Wort und Tat
von Not, Macht und Schuld.
Er wollte, daß unser Glaube stark bleibe,
unsere Hoffnung nicht verkümmere
und unsere Liebe nicht absterbe.

Damit wir sein Leben und seine Botschaft nicht vergessen,
hat er seine Jüngerinnen und Jünger beauftragt,
in seinem Namen zusammenzukommen,
in Erinnerung an ihn das Brot zu brechen
und davon zu essen,
den Becher mit Wein herumzureichen
und daraus zu trinken.

Wir bitten dich um deinen Geist,
damit im Teilen von Brot und Wein
Jesus Christus unter uns ✠ gegenwärtig wird.

Es war in der Nacht vor seinem Leiden.
Im Angesichte des Todes kam Jesus mit den Seinen zusammen,
um von ihnen Abschied zu nehmen.
In jener Nacht nahm er während des Essens
Brot in seine Hände, dankte dafür,
brach es und reichte es den Seinen mit den Worten:

Nehmet und esset alle davon.
Das ist mein Leib, der für euch hingegeben wird.

Ebenso nahm er in jener Nacht
nach dem Essen den Becher mit Wein,
dankte wiederum und reichte ihn den Seinen mit den Worten:

Nehmet und trinket alle daraus.
Das ist der Becher
des immerwährenden Bundes, mein Blut,
das für euch und für alle vergossen wird
zur Vergebung der Sünden.
Tut dies zu meinem Gedächtnis.

Guter Gott,
wir denken an Jesus von Nazaret,
der gelebt hat, was ein Mensch sein könnte.
Wir denken daran,
daß er seine Liebe glaubhaft bis in den Tod
mit seinem Leben bezeugte.
Wir vergessen nicht,
daß du ihm treu geblieben bist
durch alles Scheitern hindurch.
Weil deine Treue keine Grenzen kennt,
darf auch unsere Hoffnung grenzenlos sein.

In dieser Feier erbitten wir den Geist Jesu,
damit wir frei werden,
miteinander zu teilen, was wir haben und was wir sind;
damit wir immer neu die Kraft finden,
die versprochene Treue zu halten
und damit wir auch dann den Mut haben,
zu verzeihen, wenn es uns schwer fällt.
Laß uns in der Kraft des Heiligen Geistes versuchen,
selbstlos zu lieben,
indem wir ohne Vorbehalt und ohne fixierte Erwartungen
aufeinander zugehen und uns vom Wohl
des Partners oder der Partnerin leiten lassen.

Vor dir denken wir an alle,
die in der Gemeinschaft deiner Kirche(n)
mit uns auf dem Weg sind.
Laß alle Christinnen und Christen eins werden in der Liebe,
damit sie auch eins sein können im Glauben
und zu Zeichen der Hoffnung werden in dieser Welt.

Wir bitten dich,
gedenke all jener Menschen, die uns nahegestanden sind
und die der Tod uns entrissen hat
und vergiß die nicht, um die niemand mehr trauert.

Als deine Gemeinde
dürfen wir dich loben und preisen durch Christus,
mit ihm und in ihm
in der Gemeinschaft des Heiligen Geistes,
heute und bis ans Ende unserer Tage.
Amen.

Bestattung
(eines Kleinkindes)

Präfation

Wir danken dir, Gott,
du Lebenskraft in unserer Welt,
für das Leben, das uns geschenkt ist.
Wir danken für die Zeit,
die wir mit ... ... verbringen und teilen durften.
Wir danken für die Lebensfreude,
die sie/er versprüht hat.
Wir danken für die Blumen,
an denen sie/er sich gefreut hat.
Wir danken für die Eltern, Freunde und Freundinnen,
in deren Liebe und Zuneigung sie/er sich geborgen wußte.
Wir danken für die Farbe und Freude,
die sie/er in unser Leben gebracht hat.
Wir danken für den Glauben an das Leben,
mit dem wir einander gestützt haben
und einander weiterhin stärken.
Gemeinsam wollen wir einstimmen:

Sanctus

Wir wissen uns in diesem Glauben verbunden
mit Jesus, seinen Freundinnen und Freunden,
und vielen Frauen und Männern auf der ganzen Welt,
die sich jeden Tag fürs Leben einsetzen
im Kampf gegen Krankheiten
und im Engagement für Gerechtigkeit und Frieden.

In Verbundenheit mit dieser großen Gemeinschaft,
die keine örtlichen und zeitlichen Grenzen kennt,
teilen wir miteinander Brot und Wein
so wie es Jesus und seine Freundinnen und Freunde
oft miteinander getan haben.

Wir bitten dich um deinen Geist,
damit im Teilen von Brot und Wein
Jesu Nähe und Solidarität unter uns ✠ gegenwärtig wird.

Am Abend vor seiner Ermordung nahm Jesus wie gewohnt das Brot,
brach es, gab es denen, die er liebte und die ihm nahe standen,
und sprach zu ihnen:
So wie ich mit euch und für euch gelebt habe,
bin ich euch zum lebensnotwendigen Brot geworden.

Nehmet und esset alle davon.
Das ist mein Leib,
mein Leben, gelebt mit euch und für euch.

Ebenso nahm er in jener Nacht nach dem Essen
den Becher mit Wein und sagte den Seinen:
Mit ganzem Herzen habe ich mich dafür eingesetzt,
daß allen ein Leben in Fülle möglich wird.

Nehmet und trinket alle aus dem Becher
als Zeichen des immerwährenden Bundes
zwischen dem lebenliebenden Gott und euch;
und tut es weiterhin zu meinem Gedächtnis.

Wie Jesu Freundinnen und Freunde
sind wir bestürzt und traurig über den Tod
eines uns liebgewordenen Menschen.
Dunkel und Leere drohen sich breit zu machen.
Laß uns wie sie den Weg wieder finden
zum Glauben und zum Vertrauen ins Leben.
Laß uns wie sie weiterhin dafür eintreten,
daß allen ein Leben in Würde und Gerechtigkeit möglich wird:
den Kranken und Armen,
den Ausgestoßenen und Abgeschriebenen.
Darum bitten wir dich, im Vertrauen darauf,
daß du ein Gott des Lebens bist.

In Erinnerung an Jesus
und mit all seinen Freundinnen und Freunden
auf der ganzen Welt
wollen wir den Geist der Liebe,
der Gerechtigkeit und der Lebensfreude weitertragen
heute und alle Tage unseres Lebens.
Amen.